살리는
질문
,
사는
대답

살리는 질문, 사는 대답

지은이 | 황덕영
초판 발행 | 2019. 9. 4
3 쇄 발행 | 2024. 3. 13
등록번호 | 제 1988-000080 호
등록된 곳 | 서울특별시 용산구 서빙고로 65길 38
발행처 | 사단법인 두란노서원
영업부 | 2078-3352   FAX | 080-749-3705
출판부 | 2078-3331

책값은 뒤표지에 있습니다.
ISBN 978-89-531-3593-2 03230

독자의 의견을 기다립니다.
tpress@duranno.com www.duranno.com

두란노서원은 바울 사도가 3차 전도여행 때 에베소에서 성령 받은 제자들을 따로 세워 하나
님의 말씀으로 양육하던 장소입니다. 사도행전 19장 8-20절의 정신에 따라 첫째 목회자를
돕는 사역과 평신도를 훈련시키는 사역, 둘째 세계선교(TIM)와 문서선교(단행본·잡지) 사역, 셋
째 예수문화 및 경배와 찬양 사역, 그리고 가정·상담 사역 등을 감당하고 있습니다. 1980년
12월 22일에 창립된 두란노서원은 주님 오실 때까지 이 사역들을 계속할 것입니다.

살리는
질문
,
사는
대답

사명자를 향한
열여덟 가지 질문

황덕영 지음

두란노

목차

하나님은 살아 계셔서 역사하시고 일하시는 분입니다. 육신의 눈으로는 세상의 나라가 보이지만 영적인 눈을 뜨면 지금도 확장되고 있는 하나님 나라가 보입니다. 놀라운 사실은 하나님이 역사하실 때 하나님의 사람들을 통해 일하신다는 것입니다. 하나님은 우리에게 하나님 나라의 비전을 알려 주시고 그 일들을 이루어 가십니다.

하나님 나라는 하나님이 임재하며 다스리시는 곳이고, 하나님의 뜻이 이루어지는 곳이며, 복음을 통해 하나님의 역사가 나타나는 곳입니다. 그렇기에 복음이 전파되는 곳마다 하나님 나라가 확장됩니다. 하나님은 복음의 사명을 위해 우리를 부르셨습니다. 즉 우리의 삶이 하나님 나라의 거점이 되도록 우리를 부르셨습니다.

특별히 이 땅에 세워진 교회는 모두 하나님 나라의 거점입니다. 예수 그리스도가 주인이신 교회를 통해 복음의 역사가 나타나고 하나님의 뜻이 이루어지기 때문입니다. 그리고 예수 그리스도를 믿고 영접하는 순간, 우리의 삶에도 하나님 나라가 시작됩니다. 겨자씨 같은 믿음 가운데, 우리의 마음속에 이미 하나님 나라가 시작되는 것입니다. 바울은 "너희는 너희가 하나님의 성전인 것과 하나님의 성령이 너희 안에 계시는 것을 알지 못하느냐"(고전 3:16)고 말했습니다.

그러면 이미 시작된 하나님 나라를 삶의 한복판에서 어떻게 체험할 수 있을까요? 하나님의 은혜를 구해야 합니다. 은혜 안에 구원과 회복이, 삶의 변화가 있습니다. 은혜가 임하는 현장이 곧 하나님 나라의 역사가 일어나는 현장입니다. 광야같이 고단한 삶일지라도 하나님이 은혜를 베푸시면 우리 삶의 자리는 하나님 나라의 거점이 됩니다. 우리의 가정, 직장, 삶의 현장 어디든 은혜를 받는 자리에서 역사가 시작됩니다.

나아가 은혜는 내 삶의 변화로만 그치지 않습니다. 은혜는 밖으로 넘쳐흐릅니다. 그래서 은혜를 받으면 하나님 나라가 확장되는 것입니다. 주님은 "오직 성령이 너희에게 임하시면 너희가 권능을 받고 예루살렘과 온 유대와 사마리아와 땅 끝까지 이르러 내 증인이 되리라"(행 1:8)고 말씀하셨습니다. 그리고 바울은 "내가 달려갈 길과 주 예수께 받은 사명 곧 하나님의 은혜의 복음을 증언하는 일을 마치려 함에는 나의 생명조차 조금도 귀한 것으로 여기지 아니하노라"(행 20:24)라고 고백했습니다. 우리는 은혜 안에서 가정과 교회, 민족과 열방 가운데 하나님 나라가 전파되도록 힘써야 합니다.

내가 먼저 하나님을 부른 것이 아니라 주님이 먼저 나를 애타게 부르고 찾으신다는 것이 은혜입니다. 우리는 주님의 음성에 귀 기울여야 합니다. 특별히 하나님은 하나님 나라의 시작인 나를 부르시는 방법으로 질문을 던지십니다. 그렇다면 왜 질문입니까? 하나님은 우리에게 말씀하실 때 선포하시기도 하고, 일방적으로 가르치시기도 하고, 권면하거나 도전하시기도 합니다. 하지만 많은 경우 질문을 통해서 우리 스스로가 대답하게끔 인도하십니다. 스스로 영적 상태를 점검하고, 하나님이 기뻐하시는 변화의 자리로 자발적으로 나아가기를 원하시는 하나님의 마음입니다. 그렇기에 하나님의 질문은 우리를 살리는 질문입니다.

이 책에서는 구약성경과 신약성경을 오가면서 신앙인이라면 반드시 답해야 하는 사명자를 향한 하나님의 열여덟 가지 질문들을 다룰 것입니다. 우리는 하나님이 던지시는 질문들 앞에 하나님이 기뻐하시는 대답을 들고 나아가야 합니다. 그것이 우리의 살길입니다. 질문들에 스스로 답하면서 믿음과 실천적 결단 및 적용 사이에 영적 균형감을 이룰 수 있게 되기를 바랍니다. 그렇게 우리의 삶 가운데 하나님 나라의 역사가 일어나기를 바랍니다.

2019년 9월
황덕영

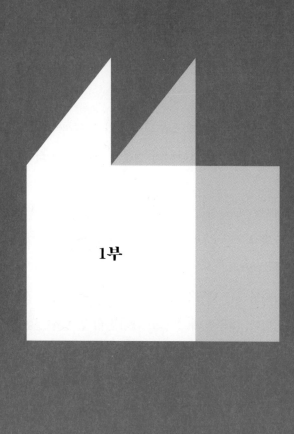

1부

성도로
부르시는
하나님

죄 사함의 은혜

하나님이 던지신 최초의 질문,
"네가 어디 있느냐?"

하나님은 우리를 정말 사랑
하십니다. 그리고 우리를 향한 놀라운 계획을 가지고 계십니다.
우리에게 생명을 주시고, 하나님을 예배할 수 있게 하신 모든
것이 하나님의 은혜입니다. 하나님은 우리가 새로운 한 달을 시
작할 때, 새로운 계절을 맞이할 때, 아니 매일 우리의 삶에 관심
이 많으십니다. 하나님은 특별히 영적 현주소, 우리가 영적으로
어디 있느냐에 관심이 지대하십니다.

하나님이 인류에게 던지신 최초의 질문을 보십시오. "네가 어
디 있느냐"(창 3:9). 아담과 하와는 하나님의 약속의 말씀을 준행
하지 못하고 사탄의 유혹에 빠져서 죄를 범했습니다. 그때 하나
님이 찾아오셔서 이 질문을 하신 것입니다. 영적으로 마땅히 있
어야 할 자리에서 이탈되었을 때 "네가 어디 있느냐?"라는 하나
님의 준엄한 음성이 들립니다.

사실 이 질문은 하나님이 아담을 통해 모든 인류, 즉 이 시대
를 살고 있는 우리를 포함한 모두에게 하시는 말씀입니다. 하나
님과 영적으로 깊은 교제를 나누고 있느냐가 핵심입니다.

"네가 어디 있느냐?"는 하나님의 질문에 아담은 이렇게 대답했

습니다. "내가 동산에서 하나님의 소리를 듣고 내가 벗었으므로 두려워하여 숨었나이다"(창 3:10). 아담은 죄에 빠져서 하나님과의 영적인 관계가 멀어져서 하나님이 두려워졌고, 그러다 보니 하나님을 피해 숨었습니다. 영적으로 자리를 이탈한 것입니다.

그런데 아담의 대답을 자세히 살펴보면, 그는 두려움의 원인을 제대로 파악하지 못하고 있다는 사실을 알 수 있습니다. '벗었기 때문에 두렵다'고 표현했기 때문입니다. 아담은 벗어서 두려웠던 것이 아닙니다. 왜냐하면 그전에도 벗고 있었고, 그것이 남자와 여자, 그리고 가정을 창조하신 하나님의 섭리이기 때문입니다. 아담이 하나님을 두려워한 진짜 이유는 죄를 범해 죄의식과 죄책감, 수치심이 찾아온 까닭입니다. 하나님의 약속의 말씀을 붙잡지 않았기 때문에 두려워한 것입니다.

죄를 지으면 하나님을 만나고 싶지가 않습니다. 인간관계에서와 마찬가지입니다. 부부 간에 잘못한 일이 있으면 서로의 얼굴을 쳐다보기가 힘들고, 부모와 자녀 간에 무엇인가 거리끼는 일이 있으면 피하게 되지 않습니까? 교회에서도 신앙에 문제가 있으면 목회자와 성도들을 만나기가 싫어지고, 말씀의 자리, 예배의 자리에 안착하지 못하고 겉돕니다.

이처럼 사람은 죄를 범하면 마음속에 두려움과 부담감, 어색함이 자리를 잡습니다. 하나님이 기뻐하시지 않는 자리에 서면 하나님을 향해 마음 문이 닫힙니다.

우리의 삶에도 많은 두려움이 있습니다. 많은 사람이 가정의 문제나 질병, 경제적인 어려움, 인간관계의 문제들 때문에 세상 살기가 참 힘들고 두렵다고 이야기합니다. 그러나 우리는 본질을 놓쳐서는 안 됩니다. 우리가 두려워하는 진정한 이유는 하나님이 나와 함께하신다는 확신이 없기 때문이요, 우리가 서 있어야 할 하나님의 기쁨이 되는 자리에서 벗어났기 때문입니다.

사자 굴에 들어가서, 풀무불 속에 던져져서, 벗었기 때문에 두려운 것이 아닙니다. 성경을 보면, 다니엘과 세 친구는 사자 굴과 풀무불 같은 어려운 환경에 처했으나 담대했습니다. 하나님이 함께하신다는 확신 때문이며 자기 자리를 지켰기 때문입니다.

성도의 삶에서 맞닥뜨리게 되는 수많은 어려움의 본질은 하나님과의 관계에서 비롯된다는 사실을 기억하십시오. 하나님과 멀어질 때 두려움이 찾아옵니다. '하나님이 정말 나와 함께하시는가? 하나님이 나를 사랑하시는가?' 의심이 들기 시작하고 믿음이 흔들릴 때 어느새 두려움이 엄습합니다. 그러면 하나님이 우리에게 도전하십니다. "영적으로 이탈된 자리에 있느냐? 그렇다면 돌아오라!"

하나님이 끊임없이 추적하며
질문하시는 이유

하나님은 "네가 어디 있느냐?" 하며 계속해서 우리를 찾아와 질문하십니다. 하나님이 왜 우리를 찾아와 영적 현주소를 끊임없이 물으십니까? 죄에 대해 심판하시기 위해서, 저주하시기 위해서, 죽음을 주시기 위해서가 결코 아닙니다. 하나님이 우리를 찾아오시는 이유는 우리를 도와주시기 위해서입니다. 사랑하시기 때문입니다. 우리가 죄를 깨닫기를 바라시고, 죄를 이길 수 있다는 소망의 길을 제시하고자 끊임없이 찾아오시는 것입니다.

창세기 3장 후반부인 21절을 보면, 하나님이 아담과 그의 아내 하와를 위해 가죽옷을 지어 입히셨다고 말합니다. 하나님이 죄 가운데서 두려워 떨고 있는 아담을 찾아와 구원의 길을 열어 주신 것입니다. 가죽옷을 지어 입히려면 짐승이 죽어 피를 흘려야 합니다. 짐승이 피 흘려 죽는 모습을 처음 본 아담과 하와는 아마도 큰 충격을 받았을 것입니다.

구약시대에 너무나 많은 짐승이 인간의 죄를 대신해 제물로 드려지기 위해 피 흘리며 죽었습니다. 하나님은 이 일을 통해서 세상 죄를 지고 가는 하나님의 어린양(요 1:29)이신 메시아가 오셔서 우리의 죄를 담당해 죽으실 것을 미리 보여 주신 것입니다. 그리고 때가 차매 예수 그리스도가 이 땅에 오셔서(갈 4:4) 갈

보리 언덕 십자가에서 피 흘려 죽으셨습니다. 단번에 영원한 제사를 치르셨습니다(히 9:12). 예수 그리스도는 길이요, 진리요, 생명이십니다(요 14:6). 우리는 예수 그리스도를 믿음으로 말미암아 생명의 길로 나아가며, 죄 사함의 은총을 받습니다.

본문의 마지막 절인 15절은 신학적으로 '원시 복음'이라고 불리는 말씀입니다. 아담은 죄에 대한 핑계를 하와에게 돌렸습니다. 또한 하와는 뱀에게 책임을 전가했습니다. 하나님은 뱀을 심판하면서 이렇게 말씀하셨습니다. "내가 너로 여자와 원수가 되게 하고 네 후손도 여자의 후손과 원수가 되게 하리니." 모든 인류는 남자의 후손입니다. 그런데 마태복음 1장에 기록된 예수님의 족보를 보면 여자의 후손이 나오는데, 바로 예수 그리스도이십니다.

이어서 하나님은 "여자의 후손은 네 머리를 상하게 할 것이요 너는 그의 발꿈치를 상하게 할 것이니라"라고 말씀하셨습니다. 예수님은 십자가에 달려 손과 발에 못이 박혀 피 흘려 죽으심으로 사탄의 머리를 깨뜨려 상하게 하셨습니다. 그리고 예수님은 죽음에서 부활하심으로 사망 권세를 이기고 우리를 구원하셨습니다. 예수님이 십자가에서 숨을 거두실 때 성소의 휘장이 둘로 갈라졌는데(눅 23:45), 이는 인간에게 하나님께 나아가는 길을 내어 주신 것을 의미합니다. 아담과 하와가 범죄했을 때부터 하나님은 우리가 구원받을 길을 마련하셨고, 우리에게 사랑으로 오신 것입니다.

하나님은 사랑이십니다. 하나님은 우리를 사랑하십니다. 하나님이 나를 사랑하신다는 확신이 모든 시험과 유혹 가운데 승리하게 합니다. 시험이 오는 것은 아무 문제도 아닙니다. 유혹은 누구에게나 찾아올 수 있습니다. 그러나 우리는 주기도문을 통해 늘 기도하듯이, 시험에 빠지지 않게 하시고, 악에서 구해 달라고 간구해야 합니다. 하나님을 붙잡아야 합니다. 어떻게 시험과 수치와 죄책감을 이깁니까? 어떻게 영원한 형벌을 이깁니까? 하나님의 사랑을 붙잡을 때 가능합니다.

하나님이 우리를 찾아와 끊임없이 질문하시는 이유는 사랑하시기 때문입니다. 로마서 5장 8절은 "우리가 아직 죄인 되었을 때에 그리스도께서 우리를 위하여 죽으심으로 하나님께서 우리에 대한 자기의 사랑을 확증하셨느니라"라고 말합니다. 예수님은 우리가 아직 죄인 되었을 때 죽으셨습니다. 그분의 죽으심을 통해서 우리가 알 수 있는 것은 하나님의 지극한 사랑입니다. 하나님은 그 사랑으로 아담을 찾아와 그를 부르셨습니다. 하나님은 우리에게도 그 사랑을 가지고 찾아오셔서 우리를 부르며 "네가 어디 있느냐?" 하고 물으십니다. "너의 영적 현주소는 어디냐? 내 곁에 있느냐?" 물으시는 것입니다.

"하나님이 세상을 이처럼 사랑하사 독생자를 주셨으니 이는 그를 믿는 자마다 멸망하지 않고 영생을 얻게 하려 하심"(요 3:16)

입니다. 우리는 이 하나님의 약속의 말씀을 믿어야 합니다. 어떤 유혹과 어려움과 두려움이든 하나님의 사랑이 이깁니다. 우리는 하나님의 사랑으로 말미암아 승리할 수 있습니다.

"네가 어디 있느냐?"는
곧 "너는 누구냐?"는 질문

누가복음 3장을 보면, 예수님이 요한에게 세례를 받으시고 기도하실 때 하늘이 열리며 성령이 비둘기 같은 형체로 예수님 위에 강림하셨습니다. 그때 하늘로부터 "너는 내 사랑하는 아들이라 내가 너를 기뻐하노라"(눅 3:22)라는 소리가 났습니다. 하나님은 우리에게도 동일한 음성을 들려주십니다. "네가 어디 있느냐? 너는 내 사랑하는 아들, 딸이다."

예수님은 세례를 받으신 직후에 어떤 기적이나 초자연적인 역사를 나타내시지 않았습니다. 그러나 이어지는 4장 이후를 보면, 하나님의 사랑을 붙잡은 이후 예수님은 사탄의 모든 유혹을 이겨 내셨습니다. 하나님의 사랑이 이기게 한 것입니다. 우리도 하나님의 사랑을 확신하기만 하면 모든 시험과 유혹을 이길 수 있습니다. 하나님의 사랑이 중요합니다.

거짓의 아비인 사탄은 하나님의 말씀을 바꾸고, 빼고, 뒤틉니다. 아담과 하와에게도 마찬가지였습니다. 창세기 3장 1절에서 사탄은 하와에게 "하나님이 참으로 너희에게 동산 모든 나무의 열매를 먹지 말라 하시더냐"라고 물었습니다. 하나님은 그렇게 말씀하신 적이 없습니다. 이어서 사탄은 하와가 "동산 나무의 열매를 우리가 먹을 수 있으나 동산 중앙에 있는 나무의 열매는 하나님의 말씀에 너희는 먹지도 말고 만지지도 말라 너희가 죽을까 하노라 하셨느니라"(창 3:2-3)라고 답하자 "너희가 결코 죽지 아니하리라"(창 3:4)라고 말했습니다. 앞선 창세기 2장 17절에서 하나님은 분명히 선악과를 먹으면 "반드시 죽으리라"고 말씀하셨습니다. 하나님의 말씀에 무엇인가를 보태거나 빼는 것은 사탄의 전형적인 수법입니다.

사탄은 예수님도 같은 방법으로 시험했습니다. 하나님의 말씀을 뺐습니다. "네가 만일 하나님의 아들이어든 이 돌들에게 명하여 떡이 되게 하라. 나에게 절하라. 성전 꼭대기에서 뛰어내려라"라고 말하면서 한 단어를 빼 버렸습니다. '사랑받는'이라는 단어입니다. '사랑받는 하나님의 아들'이라고 말해야 하는데, '사랑받는'이라는 단어를 빼고 '하나님의 아들이어든' 하며 유혹했던 것입니다. 왜냐하면 하나님께 사랑받는다는 사실을 확신하게 되면 영적 전쟁에서 결코 무너지거나 쓰러지지 않기 때문입니다.

우리가 있어야 할

영적 현주소는 하나님 곁

그러나 아담은 사랑의 하나
님을 만나고 있는데도 여전히 두려워했습니다. 자신의 모든 죄
와 어두움을 내어놓지 않았기 때문입니다. 하나님은 "내가 네게
먹지 말라 명한 그 나무 열매를 네가 먹었느냐"(창 3:11)라고 분명
하고도 정확하게 질문하셨습니다. 하나님은 다 아십니다.

하나님과 함께 있음에도 불구하고 내 삶의 주인 되었던 것들
을 내려놓지 못하고, 자기 죄와 허물을 그대로 안고 살아가면
여전히 두려울 수밖에 없습니다. 성전 안에 있다고 해서, 신앙
생활을 하고 있다고 해서 모든 사람이 자유를 누리는 것은 아닙
니다. 우리는 하나님께 모든 것을 맡겨야 합니다.

요한복음 8장에는 간음하다가 예수님 앞에 붙잡혀 온 여인이
나옵니다. 사람들은 율법이 명하는 대로 모두 돌을 들어서 그
녀를 쳐서 죽이려고 했습니다. 그때 예수님은 "너희 중에 죄 없
는 자가 먼저 돌로 치라"(요 8:7)고 말씀하셨습니다. 주님의 말씀
을 들은 사람들은 스스로를 돌아보고는 양심에 가책을 느꼈습
니다. 죄 없는 자는 아무도 없기 때문입니다. 곧 그들은 한 명씩,
한 명씩 그 자리를 피해 떠났습니다.

그런데 우리는 예수님을 피해선 안 됩니다. 내게 죄가 있다면
그 사실을 깨달은 순간 예수님의 발 앞에 무릎을 꿇고 회개하

고, 자신의 삶을 드려야 합니다. 예수님을 피해 다니며 겉도는 우리를 하나님은 계속해서 찾아오셔서 "네가 어디 있느냐? 너는 누구냐? 너는 어떠한 삶을 살고 있느냐?"고 질문하십니다.

그렇다면 우리가 어디에 있어야 하나님의 기쁨이 될 수 있을까요? 우리가 있어야 할 자리는 어디일까요?

먼저, 우리는 하나님과 영적으로 교제하는 자리에 있어야 합니다. 예배를 드리고, 말씀을 듣고, 기도하는 자리입니다. 하나님은 에덴동산을 만들고 아담과 하와를 지으시면서 그들과 교제하기를 원하셨습니다. 만약 우리가 예배의 자리, 말씀의 자리, 기도의 자리에서 이탈하면 하나님은 우리를 부르시면서 "네가 어디 있느냐?" 하고 질문하십니다.

또한 우리가 있어야 할 자리는 하나님이 맡기신 사명을 감당하는 자리입니다. 하나님은 아담에게 사명을 맡기셨습니다. "생육하고 번성하여 땅에 충만하라, 땅을 정복하라, 바다의 물고기와 하늘의 새와 땅에 움직이는 모든 생물을 다스리라"(창 1:28). 우리에게 주어진 사명이 무엇입니까? 하나님이 주시는 능력으로 복음을 온 천하에 전하면서 하나님이 창조하신 세상을 다스리는 것입니다.

"내가

여기 있나이다"

우리는 우리의 생명이 하나님의 손에 있다는 사실을 잊어서는 안 됩니다. 하나님이 우리에게 생명을 주시는 그날까지 우리는 하나님의 기쁨이 되어야 합니다. 하나님이 우리를 이 땅에 부르셨지만, 언제 데려가실지는 아무도 모릅니다. 가는 데는 순서가 없습니다.

언젠가 한 청년이 투병 생활을 하다가 하나님의 부르심을 받았습니다. 청년이 이 땅에서의 마지막 주간을 보낼 때 어머니로부터 임종 예배를 드려 달라는 부탁을 받았습니다. 그날 어머니는 오른손 밑에 성경책을 놓고 그 밑에 딸이 마지막으로 주님께 드리는 감사헌금을 두고 통성으로 기도했습니다. 그날 우리는 눈물의 예배를 드렸습니다. 어머니의 기도 내용은 이러했습니다. "하나님, 제 딸이 끝까지 믿음 지킨 것, 감사합니다. 딸의 투병 생활을 통해서 믿지 않던 가족들이 예수님께 나아왔습니다. 감사합니다."

청년에게는 소원이 한 가지 있었는데, 어머니의 말씀에 의하면 선교지에 가서 복음을 전하는 일이었다고 합니다. 우리에게 생명이 있을 때 복음을 전해야 합니다. 기회가 있을 때 하나님이 원하시는 자리에 있어야 하고, 헌신하고, 충성해야 합니다. 하나님은 영적 자리를 이탈한 우리를 찾아와 이렇게 말씀하십니다. "너의 생명, 너의 인생의 주권은 나에게 있는데, 네가 어디 있느냐? 지금 내가 기뻐하는 자리에서 멀어져 있구나. 내게로 돌아오라."

하나님은 우리를 통해 온 천하에 복음을 전하는 놀라운 역사를 이루어 가고 계십니다. 하나님이 예배의 자리, 말씀의 자리, 기도의 자리, 헌신의 자리로 부르실 때 "내가 여기 있나이다. 하나님이 기뻐하시는 그 자리에 내가 서 있습니다"라고 고백하는 우리가 되기를 바랍니다.

하나님은 우리를 사랑하기에 끊임없이 찾아와 질문하십니다. 사랑하기에 품어 주시고, 은혜 주시고, 예수 그리스도의 보혈의 은혜로 말미암아 모든 죄를 씻어 주시고, 천국 가는 날까지 보호해 주십니다. 우리는 이 땅을 사는 동안 영원을 사는 것입니다. 예수님을 믿는 자는 죽어도 살겠고, 살아서 예수님을 믿는 자는 영원히 죽지 않는다고 주님이 말씀하셨습니다(요 11:25-26). 지금 어디에 있습니까?

삶에서 드리는 나의 대답 ✎

_____

_____

_____

_____

_____

_____

_____

_____

_____

_____

_____

_____

_____

_____

_____

_____

_____

_____

_____

✍ 생명의 주인이신 하나님

영생이 있느냐는 중대한 질문,
"너희 생명이 무엇이냐?"

하나님은 우리에게 "너희 생명이 무엇이냐"(약 4:14)라는 두 번째 영적 질문을 던지십니다. 하나님의 이 질문은 다시 말하면, "너는 무엇을 위해서 살아가고 있느냐?"라고 할 수 있습니다. 이 질문에 무엇이라 대답하겠습니까? 우리 인생에서 생명보다 더 중요한 것이 있을까요? 부요도 중요하고, 지식도 소중하지만 최고로 중요한 것은 생명입니다.

우리는 저마다의 삶을 살아갑니다. 어떤 사람은 부유한 삶을 살고, 어떤 사람은 넉넉지 못한 삶을 삽니다. 어떤 사람은 건강하게 살고, 어떤 사람은 병들어 연약하게 삽니다. 어떤 사람은 많은 지식을 가지고 살고, 어떤 사람은 지식 없이 살아갑니다. 그러나 우리는 인생의 마지막이 어떻게 될지에 주목해야 합니다. 살아 계신 하나님의 말씀은 다음과 같이 분명하게 선언하고 있습니다. "너희 생명이 무엇이냐 너희는 잠깐 보이다가 없어지는 안개니라"(약 4:14). 많이 살아야 70-80년, 혹 100년 이상을 산다 하더라도 잠깐일 뿐이라는 것입니다. 잠깐 눈에 보이다가, 사는 것 같았다가 사라지는 안개와 같은 인생입니다.

'사라진다'는 것이 무슨 의미입니까? 죽음을 뜻합니다. 인간은 누구나 죽습니다. 그러나 죽음으로써 끝나지 않는다는 사실을 우리는 반드시 기억해야 합니다. 죽어서 끝나면 이 땅에서 마음대로 살다가 죽으면 그만입니다. 그러나 하나님은 비록 안개같이 사라지는 인생이지만 사라져서 끝나는 것이 아니라 죽음 이후에 심판이 있다고 말씀하십니다(히 9:27).

죽을 수밖에 없는 인간을 위해
예수님이 오셨다

그렇다면 인간은 과연 어떤 존재이기에 죽을 수밖에 없으며, 죽은 후에 심판이 있을 수밖에 없습니까? 우리는 원래 하나님과 교제하는 존재였습니다. 그러나 첫 사람 아담이 범죄한 이후로 모든 인간이 죄를 범했습니다. 모두 죄에 빠져 각기 제 길로 갔습니다.

성경은 "모든 사람이 죄를 범하였으매"(롬 3:23)라고 기록하고 있습니다. '모든 사람'에는 '나'도 포함됩니다. 나도 예외 없이 죄인입니다. 물론 다른 사람보다 조금 더 착하게 살았을 수 있고 조금 더 잘 살고 있을지 몰라도, 하나님이 보실 때는 똑같이 죄인입니다. 또한 성경은 "의인은 없나니 하나도 없으며"(롬 3:10)라고 이야기합니다. 하나님의 거룩하심 앞에서 의롭게 설 수 있는 자는 아무도 없습니다. 우리는 죄를 지어서 죄인이 되는 것이 아니라, 본질상 죄를 지을 수밖에 없는 존재, 즉 본질상 진노의 자녀입니다(엡 2:3).

안타깝게도, 죄는 죄로 끝나지 않고 심판을 초래합니다. 하나님은 공의의 하나님이시기에 죄를 범한 인간은 하나님의 심판을 받을 수밖에 없습니다. 어떤 심판입니까? 로마서 6장 23절을 보면, "죄의 삯은 사망이요"라고 말합니다. 죄의 열매, 죄의 결과는 사망입니다. 죄를 범한 모든 인간은 죽습니다.

그런데 여기서 말하는 죽음은 육체적인 죽음만을 의미하지 않습니다. 영적인 죽음, 영원한 죽음, 영원한 형벌이 있다고 성경은 이야기합니다. 죽으면 끝이 아니라 천국과 지옥이 있다는 것입니다. 우리는 이런 이야기를 들으면 마음이 불편해지고 받아들이기가 힘듭니다. 그러나 하나님의 진리는 우리가 죽으면 영원한 형벌 가운데 놓인다고 분명하게 이야기합니다.

본문 13절은 "들으라"라고 말합니다. 하나님의 말씀을 들으라는 것입니다. 그러고는 이어서 "너희 중에 말하기를 오늘이나 내일이나 우리가 어떤 도시에 가서 거기서 일 년을 머물며 장사하여 이익을 보리라 하는 자들아 내일 일을 너희가 알지 못하는도다 너희 생명이 무엇이냐 너희는 잠깐 보이다가 없어지는 안개니라"라고 말합니다. '오늘이나 내일이나'라는 표현에서 알 수 있는 것은 인간의 어리석음입니다. 마치 내가 시간의 주인인 양

착각합니다. 어떤 시간에 어떤 도시에 가서 어떤 일을 하고자 하는 모든 계획의 주인이 나라고 생각하는 것이 문제입니다. 그러나 하나님은 "내일 일을 너희가 알지 못하는도다"라고 말씀하십니다. 시간의 주인은 우리가 아니라 하나님이시라는 것입니다.

성경의 제일 첫 책은 '창세기'입니다. 창세기 1장 1절은 "태초에 하나님이 천지를 창조하시니라"라는 말씀으로 시작합니다. 하나님이 태초에 천지를 창조하셨습니다. 하나님은 시간도 창조하셨습니다. 시간의 주인이십니다. 하나님은 천지만물을 창조하셨습니다. 나도 창조하셨습니다. 나에게 생명을 주신 분이 하나님이십니다. 내 생명의 주인은 내가 아니라 하나님이시며, 내 시간의 주인은 내가 아니라 하나님이십니다. 내가 많은 계획을 세우지만 그 계획을 인도하시는 분은 하나님이십니다. 우리는 내일 일을 알지 못하기 때문에 하나님 없이 계획을 세우면 허망한 인생이 되고 맙니다.

누가복음 12장 16-21절을 보면, 예수님은 다음과 같이 비유로 말씀하셨습니다. 한 부자가 그 밭에 소출이 풍성하자 곡식 쌓아 둘 곳이 없으니 어찌할까 고민하다가 "곳간을 헐고 더 크게 짓고 내 모든 곡식과 물건을 거기 쌓아 두리라"라고 결정했습니다. 그러고는 자기 영혼에게 "영혼아 여러 해 쓸 물건을 많이 쌓아 두었으니 평안히 쉬고 먹고 마시고 즐거워하자" 하리라 생각했습니다. 그 모습을 보신 하나님이 부자에게 무엇이라고 말씀하셨습니까? "어리석은 자여 오늘 밤에 네 영혼을 도로 찾으리니 그러면 네 준비한 것이 누구의 것이 되겠느냐."

우리는 너무 어리석어서 자기가 자기 생명의 주인이라고 착각합니다. 하나님은 그런 우리에게 동일하게 질문하십니다. "오늘 밤에 내가 네 생명을 취하면 네 인생은 어떻게 되겠느냐?"

안개같이 사라져서 영원한 형벌 가운데 빠질 수밖에 없는 우리 인생에 정말 소망이 있습니까? 생명의 주인이신 하나님을 만나면 소망이 있습니다.

성경 전체에는 하나님의 사랑이 나타나 있습니다. 하나님이 우리를 매우 사랑하셔서 구원의 길을 열어 주셨다는 내용입니다. 대표적으로 요한복음 3장 16절은 "하나님이 세상을 이처럼 사랑하사 독생자를 주셨으니 이는 그를 믿는 자마다 멸망하지 않고 영생을 얻게 하려 하심이라"라고 이야기합니다. 내가 아니라 '하나님'이 주어요, 주인이십니다. 내가 하나님을 사랑한 것이 아니라 하나님이 나를 사랑하셨습니다. 하나님이 나를 너무 사랑하셔서 외아들 예수 그리스도를 주신 것입니다.

어떻게 주셨습니까? 히브리서 9장 22절은 "율법을 따라 거의 모든 물건이 피로써 정결하게 되나니 피 흘림이 없은즉 사함이 없느니라"라고 말합니다. 내가 피를 흘려 죽어야 죄 사함을 받을 수 있습니다. 그러므로 인간 중에는 어느 누구도 죄를 사함받은 의인이 있을 수가 없었습니다. 따라서 하나님이 아들 예수님을 이 땅에 보내 내가 죽어야 할 십자가에 대신 못 박혀 죽게 하심으로 내 죗값을 사해 주셨습니다. 이것이 기독교의 진리요, 신앙의 진리이며, 복된 메시지입니다.

이 사실을 믿는 자, 즉 예수 그리스도를 믿는 자마다 심판을 면제받습니다. 예수님이 이미 우리를 대신해 저주의 심판을 다 당하셨기 때문입니다. 죄악의 길, 절망의 길로 갔던 우리의 인생이 예수 그리스도를 믿을 때 영원한 생명을 얻게 되는 것입니다. 예수님은 "내가 곧 길이요 진리요 생명이니 나로 말미암지 않고는 아버지께로 올 자가 없느니라"(요 14:6)라고 말씀하셨습니다. 예수님만이 유일한 길이 되시고, 유일한 생명이십니다. 예수님 외에는 구원자가 없습니다.

"내 생명의 주인은
하나님이십니다"

예수님이 이미 다 이루신 구원의 선물을 받기 위해서는 우리의 믿음이 필요합니다. 예수님을 믿을 때 그분의 의가 나의 의가 됩니다. 하나님이 열어 주신 영생의 길이 나에게 주어지는 것입니다.

그렇다면 예수님을 어떻게 믿습니까? 예수님을 믿는다는 것이 무엇입니까? 요한복음 1장 12절은 "영접하는 자 곧 그 이름을 믿는 자들에게는 하나님의 자녀가 되는 권세를 주셨으니"
라고 말합니다. 예수 그리스도를 믿는 것은 예수님을 영접하는
것, 즉 내 마음에 모셔 들이는 것입니다. 예수님을 내 인생의 주
인으로 초청하는 것입니다.

또한 로마서 10장 10절은 "사람이 마음으로 믿어 의에 이르고
입으로 시인하여 구원에 이르느니라"라고 말합니다. 마음으로
믿는 것을 입으로 시인할 때 자신이 진심으로 믿고 있다는 것을
증명해 보일 수 있습니다. "하나님, 저는 죄로 인해 죽을 수밖에
없는 인생입니다. 안개와 같이 흩어질 수밖에 없는 인생입니다.
그러나 예수님이 나를 대신해 십자가에서 죽으시고 3일 만에 부
활하신 사실을 믿습니다. 나의 생명의 주인이심을 받아들입니
다. 주여, 나에게 영원한 생명을 주실 줄 믿습니다. 내 삶을 다스
려 주옵소서." 우리가 이렇게 입술로 고백하고 기도할 때 하나
님이 놀라운 영생의 축복을 허락해 주십니다.

언젠가 한 집사님이 예수 믿지 않는, 3개월 시한부 선고를 받
은 지인의 이야기를 들려주었습니다. 집사님은 눈물을 흘리면
서 그분이 하나님께 병 고침을 받고 예수님을 믿고 영원한 생명
을 얻게 해 달라고 기도 제목을 나누었습니다. 우리는 한마음으
로 간절히 기도를 드렸습니다.

3개월 시한부 인생이라니, 그 인생이 얼마나 긴급합니까. 그
러나 생각해 보면 우리 모두는 짧으면 짧은 대로, 길면 긴 대로

시한부 인생을 살고 있습니다. 아무리 오래 살아도 인생은 짧은 것입니다. 오늘이 기회입니다. 하나님을 믿지 않는 가족과 이웃에게 복음을 전해야 합니다. 안개처럼 사라질 인생에게 있어서 오늘이 은혜 받을 만한 때요 구원의 날임을 알려 주어야 합니다(고후 6:2). 예수 그리스도를 믿고 받아들여 영원한 생명을 얻도록 기도해야 합니다.

우리 인생은 너무나 어리석어서 하지 않아도 될 일, 아니 해서는 안 될 일에 분주하게 매달립니다. 그런데 정작 필요한 일은 계속 미루다가 때를 놓치고 후회하곤 합니다. 우리가 반드시 결정해야 할 일이 있다면, 내 영혼의 운명입니다. 우리는 영원한 생명을 붙잡아야 합니다.

하나님이 우리에게 "들으라" 말씀하실 때 우리는 주님의 말씀에 귀 기울여야 합니다. 요한복음 5장 24절에서 예수님은 이렇게 말씀하셨습니다. "내가 진실로 진실로 너희에게 이르노니 내 말을 듣고 또 나 보내신 이를 믿는 자는 영생을 얻었고 심판에 이르지 아니하나니 사망에서 생명으로 옮겼느니라." 주님의 말씀은 진리입니다. 그럼에도 불구하고 예수님은 "진실로 진실로"라고 두 번이나 강조하면서 말씀하셨습니다. 이 말은 꼭 들어야 한다는 뜻입니다. 우리 인생에서 절대로 놓쳐서는 안 되는 말씀이라는 의미입니다.

나를 위해 영원한 생명의 길을 열어 놓으신 주님 앞에 나아가야 하지 않겠습니까? 하나님은 우리를 사랑하셔서 기회를 주십니다. 하나님의 사랑이 여기 있습니다. 하나님이 우리를 부르고 계십니다. 주님의 부르심에 "주님, 내 모습 이대로 받으옵소서. 내 생명의 주인은 하나님이십니다. 나를 위해 죽으신 예수 그리스도를 믿습니다. 나에게 영원한 생명을 주시고, 나를 구원해 주시고, 나를 하나님의 자녀 삼아 주옵소서"라고 기도해야 합니다. 놀라운 구원의 축복, 영생의 축복을 받아들이는 우리가 되기를 바랍니다.

삶에서 드리는 나의 대답

✍ 나의 신앙고백

역사상 가장 위대한 질문,
"예수는 누구인가?"

역사상 가장 위대한 질문은 "예수는 누구인가?"입니다. 예수님을 믿는 신앙인으로서 이 질문에 진지하게 답해 본 적이 있습니까? 예수님이 누구이시기에 우리가 예수님을 믿는다고 고백하고, 그분께 예배를 드립니까?

예수님은 제자들을 데리고 빌립보 가이사랴 지역에 이르렀을 때 제자들에게 물으셨습니다. "사람들이 인자를 누구라 하느냐"(마 16:13). 이에 제자들은 "더러는 세례 요한, 더러는 엘리야, 어떤 이는 예레미야나 선지자 중의 하나라 하나이다"(마 16:14)라고 답했습니다.

모두 좋은 대답입니다. 그들이 언급한 이들은 다 위대한 사람들이었습니다. 세례 요한은 특별히 구별된 삶을 살았습니다. "회개하라 천국이 가까이 왔느니라"(마 3:2)라는 매우 강력한 메시지를 광야에서 외쳤던 마지막 선지자입니다. 아마도 예수님이 세례 요한과 동일한 메시지를 증거하셨고(마 4:17), 마찬가지로 구별된 삶을 사셨기 때문에 많은 사람이 예수님을 보면서 세례 요한이 다시 살아났다고 여겼을 수 있습니다.

엘리야는 위대한 선지자였습니다. 불의 종으로서, 죽음을 보지 않고 승천했습니다. 사람들은 엘리야가 살아서 이 땅에 다시 온 것이 아니냐면서 예수님을 오해했습니다. 예레미야는 눈물의 선지자였습니다. 하나님의 애통하는 마음과 열정, 그리고 시대적인 메시지를 전한 사람이었습니다. 많은 선지자도 마찬가지였습니다. 하지만 우리 주님은 그 위대한 사람들과 견줄 만한 분이 아니십니다.

오늘날 사람들은 예수님이 누구이시라고 고백합니까? 예수님이 지니신 각각의 면들을 분석하고 부각시켜 위대한 성자요, 위대한 철학가, 위대한 교육자, 위대한 인권 운동가, 위대한 최고 경영자 등이라 고백하곤 합니다. 다 일리가 있습니다. 그러나 예수님을 설명하기에는 부족합니다.

바른 신앙고백,
복된 성도의 비결

사람들이 하는 말을 다 들으신 예수님은 제자들에게 또다시 물으셨습니다. "너희는 나를 누구라 하느냐?" 그때 베드로가 유명한 신앙고백을 했습니다. "주는 그리스도시요 살아 계신 하나님의 아들이시니이다"(마 16:16).

주님은 그리스도이십니다. '그리스도'란 헬라어로 '크리스토스', 즉 '기름 부음 받은 자'라는 의미입니다. 구약성경을 기록한

히브리어로는 '메시아'입니다. 예수님은 기름 부음 받은 자이십니다. 하나님은 구약시대부터 "내가 친히 기름 부은 메시아를 보내겠다. 그는 세상 모든 죄를 담당할 구세주다"라고 예언하셨습니다. 예수님이 바로 메시아요, 기름 부음 받은 자요, 그리스도이십니다. 주님은 구원자이십니다. 베드로는 예수님이 위대한 사람 정도가 아니라, 살아 계신 하나님의 아들이시라는 놀라운 신앙고백을 했던 것입니다.

사람의 아들은 사람이고, 하나님의 아들은 하나님이십니다. 그러므로 "주는 살아 계신 하나님의 아들이시니이다"라는 고백은 "주는 하나님이시니이다"라는 고백과 동일합니다. 물론 성부 하나님과 성자 하나님은 구분되시지만 삼위일체 하나님이시기에 그 본성이 동일하며, 하나입니다. 예수님은 하나님이십니다.

여기서 '살아 계신'이라는 표현에도 주목해야 합니다. 하나님은 죽어 있는 하나님, 관념 속에 머물러 있는 하나님, 인간이 만들어 낸 하나님이 아니라 지금도 살아 역사하시는 하나님이십니다. 예수님은 '살아 계신' 하나님이십니다.

사실 베드로의 신앙고백은 인간적인 고백일 수가 없었습니다. 하나님이 가르쳐 주신 놀랍고도 복된 고백이었습니다. 그런 베드로를 예수님은 칭찬하셨습니다. "바요나 시몬아 네가 복이 있도다 이를 네게 알게 한 이는 혈육이 아니요 하늘에 계신 내 아버지시니라"(마 16:17). '바요나'에서 '바'는 누군가의 아들이라는 뜻으로, 다시 말하면 요나(또는 요한)의 아들이라는 의미입니다.

누가 복 있는 자입니까? "나를 누구라 하느냐?"는 주님의 질문에 참된 신앙을 고백하는 성도입니다. 세상의 것을 소유하고 성공을 누려서 복 있는 자가 되는 것이 아닙니다. 바른 신앙고백을 가지고 주님을 제대로 알고, 바라보고, 이해하며, 믿는 성도가 참으로 복된 성도인 것입니다. 이 사실을 베드로에게, 그리고 우리에게 알게 하신 이는 하늘에 계신 우리 하나님이십니다.

이어지는 18절에서 예수님은 베드로에게 약속의 말씀을 주셨습니다. "너는 베드로라 내가 이 반석 위에 내 교회를 세우리니 음부의 권세가 이기지 못하리라." 이 말씀은 쉽게 말해, "베드로야, 네 인생은 흔들릴 수밖에 없고, 부족하고, 연약하다. 나는 네가 앞으로 나를 부인할 것도 다 알고 있다. 하지만 나는 너의 신앙고백 위에 내 교회를 세우겠다"는 것입니다. 여기서 '이 반석'은 베드로의 신앙고백을 의미하고, 곧 예수 그리스도의 터를 가리킨다고 할 수 있습니다. 그러므로 예수님은 주님의 터 위에 하나님의 교회를 세우겠다고 말씀하신 것입니다.

우리 인생은 다 연약하고 어려움투성이입니다. 그러나 하나님의 교회와 성도의 삶은 결코 무너지지 않습니다. 음부의 권세가 해한다 할지라도 이기지는 못합니다. '음부의 권세'란 하데스의 문, 즉 지옥의 권세, 사망의 권세, 사탄의 세력을 뜻합니다.

교회의 주인은 주님이십니다. 교회는 인간의 교회가 결코 아니며 주님의 터 위에 세워졌습니다. 세상의 조직이나 기업, 또는 공동체가 아니라 하나님이 주님의 피 값으로 친히 세우시고 예수 그리스도가 주인 되시는 곳, 그곳이 바로 교회입니다.

그렇다면 우리가 해야 할 일이 분명해졌습니다. "나를 누구라 하느냐?"는 예수님의 질문에 바른 대답을 해야 합니다. 우리는 믿음으로 "주는 그리스도시요 살아 계신 하나님의 아들이시니이다"라고 고백해야 합니다. 주님이 인정하시는 고백입니다. 하나님은 우리가 우리의 입술로 신앙을 고백하기를 원하십니다.

신앙고백은
세상 한복판에서

본문에서 우리가 주목해야 하는 사실이 하나 있습니다. "나를 누구라 하느냐?"는 예수님의 질문과 "주는 그리스도시요 살아 계신 하나님의 아들이시니이다"라는 베드로의 신앙고백이 이루어진 장소입니다.

13절에 의하면, 빌립보 가이사랴 지역에 이르렀을 때입니다. 빌립보 가이사랴는 우상 숭배지였습니다. 그리스 신화에 나오는 제우스의 손자 '판'(Pan)이라는 신을 숭배하는 곳이었습니다. '빌립보 가이사랴'라는 명칭을 얻기 전에는 '파네아스'(Paneas)라고 불렸을 정도입니다. 또한 역사적 기록에 의하면, 많은 바알 신을 섬기는 수많은 신상과 신전이 그곳에 자리하고 있었다고 합니다. 바알 신은 풍요와 다산의 신이기 때문에 의식이 매우 음란하고 세속적이었습니다.

빌립보 가이사랴라는 명칭이 붙여진 이유를 살펴보면 그 지역의 또 하나의 특징을 알 수 있습니다. 헤롯왕의 셋째 아들인 헤롯 빌립은 로마 황제에게 바치기 위해서 로마 황제의 신상을 세워 놓고 자기 이름과 가이사 로마 황제의 이름을 따서 '빌립보 가이사랴'라는 지역명을 붙였습니다.

정리하면, 예수님은 바알 신과 판이라는 헬라 신을 숭배하고, 음란이 가득하고, 로마 황제를 숭배하는 신상이 놓인 자리에서 "나를 누구라 하느냐?"고 질문하신 것입니다.

우리의 신앙고백은 어디에서 이루어지고 있습니까? 예배드리고 찬양하고 기도하는 중에, 예수님을 믿는 성도들 가운데 드려지는 신앙고백도 중요합니다. 그러나 예수님은 이 세상 한복판에서 우리에게 질문하십니다. "너의 인생에서 나는 누구냐? 우상을 숭배하고, 음란이 가득하고, 하나님보다 자녀, 성공, 돈, 건강, 인간관계, 여가 활동 등 세상 것들을 더 우선하는 네 삶의 한복판에서 나의 존재는 무엇이냐? 나를 누구라 하느냐?" 주님은 지금 우리의 고백을 듣기 원하십니다. 우리는 예수님의 질문에 담대하게 "주는 그리스도이십니다"라고 아뢰어야 합니다.

앞서 언급했듯이, '그리스도'는 '기름 부음 받은 자'를 의미합니다. 구약시대에 기름 부음 받은 사람들은 왕, 선지자, 제사장이었습니다.

먼저, 왕은 다스리는 자입니다. 우리에게 있어서 매우 중요한 질문은 "내 삶을 누가 다스리느냐?"입니다. 누가 나를 다스리십니까? 베드로가 고백했듯, "그리스도이신 주님이 나의 왕이 되셔서 나를 다스리십니다"라고 답할 수 있어야 합니다.

주님이 우리의 삶을 다스리십니다. 또한 선지자는 하나님의 말씀을 선포하는 사람이며, 사람들을 진리 가운데로 인도하는 역할을 합니다. 누가 내 삶에 하나님의 말씀을 선포하시며 진리 가운데로 인도하십니까? 예수 그리스도이십니다. 그리고 제사장은 하나님과 인간 사이에서 속죄의 제사를 드려서 중재하는 역할을 합니다. 누가 하나님과 나 사이에 중재자가 되십니까? 우리 주님, 그리스도이십니다.

이스라엘 백성은 수많은 왕과 선지자와 제사장을 경험했습니다. 그들은 하나같이 연약하고, 부족하고, 허점투성이인 인간에 불과했습니다. 그러나 하나님의 약속대로 참 하나님의 아들이신 예수 그리스도, 메시아가 이 땅에 오셨습니다. 베드로는 바로 이 사실을 고백한 것입니다. "주는 그리스도이십니다. 주는 나의 구세주가 되십니다. 주는 나의 왕이십니다. 나의 죗값을 감당하신 메시아이십니다. 내 생명의 주인이 되십니다."

이제 역사상 가장 위대한 질문인 "예수는 누구인가?"에 우리가 대답할 차례입니다. 누가 나의 죄를 씻어 주십니까? 누가 나의 죄를 용서해 주십니까? 누가 나에게 영원한 생명을 주십니까? 내 생명의 주인은 누구이십니까?

삶의 신앙고백이
뒤따라야 한다

주님은 제자들에게 "나를 누구라 하느냐?"라고 현재형으로 물으셨습니다. "나를 누구라 했느냐?", "나를 누구라 할 것이냐?"가 아닙니다. 과거나 미래의 질문도 중요합니다. 그러나 주님은 오늘 내 삶의 한복판에서 "지금 너는 나를 누구라 하느냐?"고 질문하십니다. 오늘을 살고 있는 우리에게 주님은 누구이십니까? 우리는 잠시의 망설임도 없이 베드로의 신앙고백을 아뢰어야 합니다. "주는 그리스도시요 살아 계신 하나님의 아들이시니이다."

예수님은 베드로의 신앙고백을 들으신 후에야 자신이 십자가의 길을 걸어갈 것을 말씀하셨습니다. 사람들에게 잡혀서 십자가에 못 박혀 죽을 것을 예언하셨습니다. 그 죽음의 길, 십자가의 길은 주님만 가시는 길이 아니라 신앙고백을 하는 모든 사람이 함께 걸어갈 길이라고 말씀하신 것입니다. 그래서 예수님은 이어지는 24-25절에서 "누구든지 나를 따라오려거든 자기를 부인하고 자기 십자가를 지고 나를 따를 것이니라 누구든지 제 목숨을 구원하고자 하면 잃을 것이요 누구든지 나를 위하여 제 목숨을 잃으면 찾으리라"고 말씀하셨습니다.

생명의 주인은 예수님이십니다. "나를 누구라 하느냐?"는 예수님의 질문에 우리는 입술로 신앙을 고백해야 합니다. 그러나 주님은 입술의 고백도 중요하지만 삶의 고백이 뒤따라야 한다고 말씀하십니다. 신앙고백을 하는 우리가 살아야 하는 삶은 나를 부인하고 십자가를 지고 주님을 따라가는 것입니다.

초대교회 성도들도 "주는 그리스도시요 살아 계신 하나님의 아들이시니이다"(Ιησου Χριστο θεου Υιο Σωτηρ)라는 고백을 했습니다. 이 고백의 헬라어 중에서 앞글자만 따서 만든 용어가 '익투스'(ΙΧΘΥΣ, 물고기)입니다. 'ΙΧΘΥΣ'라고 쓰인 물고기 장식은 초대교회 신앙의 상징이었습니다. 당시 성도들은 이 표시로써 주님이 그리스도시요 살아 계신 하나님의 아들이시라는 고백을 암묵적이고 상징적으로 드러냈습니다. 로마 시대에 신앙 때문에 핍박을 받는 중에 물고기 표시를 따라가 보면, 카타콤이라는 목숨 걸고 신앙을 지키는 신앙 공동체를 만날 수 있었습니다.

우리의 삶에는 많은 어려움과 기도 제목과 질병과 진로의 문제가 놓여 있습니다. 광야 같은 인생이기에 피할 수가 없습니다. 따라서 때로는 주님의 영적인 도전이 부담스럽게 다가올 수 있습니다. 그러나 가이사랴 빌립보처럼 세속적인 이 땅 한복판에 살지라도 우리의 신앙이 무너져서는 안 됩니다. 주님이 우리에게 물으십니다. "나를 누구라 하느냐? 너희에게 예수, 나는 누구인가?"

"주는 그리스도시요
하나님의 아들이십니다"

예수님이 말씀하실 때 놀라운 기적이 나타났습니다. 물이 변하여 포도주가 되었습니다. 풍랑이 잔잔해졌습니다. 죽은 나사로가 살아났습니다. 귀신들이 벌벌 떨면서 다 쫓겨 갔습니다. 또한 예수님을 만난 사람은 누구든 변화되었습니다. 공허하고 죄책감으로 가득한 인생을 살았던 수가성 사마리아 여인은 주님을 만나자 물동이를 버려두고 동네로 뛰어들어가서 예수님을 전했습니다. 세리 삭개오도 예수님을 만나고 변화되어 전 재산의 절반을 가난한 자들에게 나눠 주었고, 누구의 것을 속여 빼앗은 일이 있다면 4배로 갚았습니다.

그러므로 "예수 그리스도가 나에게 누가 되시느냐?" 이 질문에 대한 고백은 매우 중요합니다. 기도도 나의 기도가 중요하고, 찬양도 나의 찬양이 중요하고, 예배도 나의 예배가 중요합니다. 새찬송가 461장 1절은 "십자가를 질 수 있나 주가 물어보실 때 / 죽기까지 따르오리 성도 대답하였다 / 우리의 심령 주의 것이니 주님의 형상 만드소서 / 주 인도 따라 살아갈 동안 사랑과 충성 늘 바치오리다"라고 찬양합니다. 십자가를 질 수 있냐고 주님이 물어보실 때 성도인 우리 개개인은 "죽기까지 따르겠습니다"라고 나의 대답을 드릴 수 있어야 합니다.

우리가 드리는 예배가 하나님께 드리는 나의 예배입니까? 나의 찬양입니까? 나의 기도입니까? 주님은 나의 신앙고백을 듣기 원하십니다. 나의 삶을 받기 원하십니다. 주님이 십자가의 길을 걸어가신 이유는 사랑하는 나를 살리시기 위해서입니다. 하나님의 아들로서 나를 구원하고, 나를 가장 아름답고 복된 천국 본향으로 인도하기 위해서 십자가를 지신 것입니다.

우리에게도 사명이 있습니다. "주는 그리스도시요 살아 계신 하나님의 아들이시니이다" 이 고백을 믿는 자는 고백에 걸맞은 삶을 살아야 합니다. 복음을 전해야 합니다. 삶에 어려움이 닥칠지라도 주님을 의지해 믿음으로 승리해야 합니다. 누군가가 나를 조롱하고 핍박해도 "내가 이 반석 위에 내 교회를 세우리니 음부의 권세가 이기지 못하리라"라는 주님의 약속의 말씀을 붙잡아야 합니다. 그러면 예수님을 의지해 능히 이길 수 있습니다.

끊임없이 복음을 전파하고 십자가의 길을 걸어가는 믿음의 성도야말로 복된 성도요, 복된 삶을 살아갑니다. "나를 누구라 하느냐?"는 주님의 질문에 "주는 그리스도시요 살아 계신 하나

님의 아들이시니이다"라는 고백이 입술의 고백만이 아니라 삶
의 고백이 되기를 바랍니다. 그때 하나님이 우리의 삶을 책임져
주십니다.

삶에서 드리는 나의 대답 ✍️

_____

_____

_____

_____

_____

_____

_____

_____

_____

_____

_____

_____

_____

_____

_____

_____

_____

_____

_____

_____

_____

_____

🗐 하나님이 부르시는 이름

인생을 묻는 심오한 질문,
"네 이름이 무엇이냐?"

　　　　　　　　　　살아 계신 하나님을 만난
인생은 자신이 어떤 존재인지를 깨닫습니다. 예수님을 만나면
이해되지 않았던 과거가 해석되고, 인생이 정리됩니다. 진정 예
수님을 만난 인생이라면 자신이 지금 어디 서 있는지를 깨닫게
됩니다. 그리고 향방 없이 싸우는 것이 아니라 달려가야 할 바
로 그곳을 향해 나아갑니다.

　살아 계신 하나님은 지금 우리에게 "네 이름이 무엇이냐"(창 32:27)
는 영적 질문을 던지십니다. 이 질문은 구약성경 창세기에서 하
나님이 야곱에게 물으신 것입니다. 하나님이 우리의 이름을 물
으시는 이유는 이름 석 자를 알기 위해서가 아닙니다. 흔히 이
름에는 우리의 존재와 인생이 담겨 있습니다. 하나님은 우리의
인생을 궁금해하십니다.

　특별히 야곱의 이름에도 야곱의 인생이 담겨 있었습니다. 하나
님은 야곱의 이름을 부르심으로써 그가 스스로 "너의 인생은 무
엇이냐? 너의 실체는 뭐냐? 너는 어떠한 인생을 살고 있느냐?"라
는 하나님의 질문에 답하며 자신을 돌아보기 원하셨습니다.

　당시 야곱은 큰 위기에 처해 있었습니다. 부모님의 집을 떠나

서 20년 넘도록 타향살이를 하다가 드디어 돌아가는 길, 그동안 원한이 있었던 형 에서가 자기를 죽이려고 군사를 400명이나 이끌고 오고 있다는 소식을 들었습니다. 얼마나 두렵고 떨렸겠습니까? 생명이 위태한 그때 야곱은 가족들과 가축들을 방패막이 삼아서 다 보내고 홀로 남았습니다.

위기 가운데 있으면 홀로 있는 듯 느껴집니다. 우리는 이 땅에 태어났을 때도 홀로요, 주님이 부르실 때도 하나님 앞에 홀로 서게 됩니다. 사랑하는 가족이나 이웃, 성도와 함께 있는 것 같지만, 사실은 극심한 고난 가운데 누구도 이해하지 못하는 혼자만의 외로움과 슬픔, 고통으로 눈물지을 때가 많습니다. 야곱도 똑같았습니다.

그때 야곱은 한 사람과 씨름을 했습니다. 과연 무슨 씨름이고, 상대는 누구였을까요? 호세아 12장을 보면 이 부분에 대해 잘 설명하고 있습니다. "야곱은 모태에서 그의 형의 발뒤꿈치를 잡았고 또 힘으로는 하나님과 겨루되 천사와 겨루어 이기고 울며 그에게 간구하였으며 하나님은 벧엘에서 그를 만나셨고 거기에서 우리에게 말씀하셨나니"(호 12:3-4).

야곱은 얍복 강가에서 천사의 몸으로 오신 하나님과 겨루어 이겼습니다. 그리고 울면서 간구했습니다. 여기서 '씨름'이란 간절한 기도를 의미합니다. 야곱은 하나님을 의지했습니다. 여기에 우리의 소망이 있습니다. 위기 가운데서 하나님을 간절히 붙잡을 때 놀라운 소망이 발견됩니다. 우리는 어떤 고난과 위기 상황에 처해 있든지 하나님께 매달려야 합니다. 그 순간, 하나님이 우리에게 "네 이름이 무엇이냐?"고 물으십니다.

눈물이 기도와 만날때
기적이 시작된다

하나님의 질문에 야곱은 "야곱이니이다"(창 32:27)라고 답했습니다. '야곱'의 이름 뜻은 '뒤꿈치를 붙잡다'입니다. 출생 시 쌍둥이 형 에서의 뒤꿈치를 붙잡고 태어났기 때문입니다. 이 이름에는 '속이는 자'라는 의미가 포함되어 있습니다. 즉 "네 이름이 무엇이냐?"는 하나님의 질문에 야곱은 "저는 속이는 인생을 살았습니다"라고 고백했던 것입니다.

야곱은 정말 속이는 인생, 다른 사람의 뒤꿈치를 붙잡는 인생을 살았습니다. 심지어 형의 장자권이 탐나서 팥죽 한 그릇을 두고 형과 거래를 했습니다. 교활한 계획을 세우고 이용한 것입니다. 결국 그는 아버지도 속여 축복까지 받아냈습니다. 몸에 짐승의 털을 붙여 마치 에서처럼 변장하고 가서 축복을 가로챘던 것입니다. 이 일을 빌미로 형 에서에게 목숨의 위협을 받게 되었고, 도망쳐 나왔던 것입니다.

홀로 도망쳐 나온 야곱은 외삼촌 라반의 집에 가서 20여 년 동안 갖은 고생을 했습니다. 속이는 인생이기에 속기도 했습니다. 라반의 딸이자 사랑하는 라헬을 얻기 위해서 7년 동안이나 열심히 일했는데 외삼촌에게 속아서 라헬의 언니 레아와 결혼을 했습니다. 라헬을 포기하지 못한 야곱은 또다시 7년을 일해 결국 라헬까지도 아내로 얻었습니다.

야곱이 "저는 속이는 인생, 또 속은 인생을 살았습니다. 참 허망한 인생을 살았습니다"라고 고백하자 하나님이 다시 야곱에게 말씀하셨습니다. "네 이름을 다시는 야곱이라 부를 것이 아니요 이스라엘이라 부를 것이니 이는 네가 하나님과 및 사람들과 겨루어 이겼음이니라"(창 32:28).

'이스라엘'은 '하나님이 싸우신다', '하나님이 주도하신다', '하나님이 다스리신다'는 뜻입니다. '하나님'이 주어입니다. 하나님은 "지금까지 네 인생의 주인은 너였다. 야곱이라는 이름을 가지고 살면 답이 없다. 이름부터 바꾸라"고 말씀하신 것입니다. 한마디로 인생 전체를 바꾸라는 뜻입니다.

하나님은 우리의 이름도 바꿔 주십니다. 우리는 사람과 싸우고 세상을 붙들고 씨름합니다. 이제는 그런 싸움 말고, 하나님과 씨름하는 인생을 살아야 합니다. 하나님 앞에 부르짖는 인생을 살아야 합니다. 눈물과 통곡, 아픔이 있다면 하나님께 매달려야 하나님이 역사하시지, 내가 속이는 인생을 열심히 살아 봐야 남는 것은 목숨의 위협밖에 없습니다. 우리가 열심히 산다고 할지라도 하나님이 없으면 아무것도 아닙니다. 하나님 앞에 나아가고, 기도하고, 부르짖으십시오. 우리가 살길입니다.

구약의 인물 중에 느헤미야도 마찬가지였습니다. 이스라엘 백성이 하나님께 범죄함으로 바벨론 포로로 끌려갔을 때 하나님이 느헤미야를 부르셨습니다. 느헤미야는 포로 중에서 대단히 성공한 사람으로서, 페르시아 왕 아닥사스다의 신임을 받아 왕의 술 관원이라는 직임을 맡았습니다. 그런 느헤미야는 자신의 안위만을 염려하지 않고 이스라엘에 남아 있는 자기 동포, 형제들이 고통받고 있다는 소식을 듣고는 수일 동안 슬피 울었습니다(느 1:1-4).

누구에게나 눈물과 위기, 슬픔이 찾아옵니다. 그러나 운다고 문제가 해결되지 않습니다. 주저앉아 통곡한다고 풀리지 않습니다. 느헤미야가 위대한 이유는 슬픔을 슬픔으로 끝내지 않고, 하나님 앞에서 눈물로 기도하고 금식했다는 데 있습니다. 야곱의 축복도 마찬가지 관점에서 바라볼 수 있습니다. 야곱은 위기와 고통 가운데서 기도를 배웠습니다. 힘들 때 세상과 씨름한 것이 아니라 그를 찾아오신 하나님과 기도하며 씨름했습니다.

우리 민족은 한이 많아 울음도 많습니다. 그런 이유로 어떤 사람은 "우리나라는 울음이 많아서 새가 노래하는 모습을 보고도 새가 운다고 표현한다"고 말했습니다. 그러면서 기차가 오면 기적이 울고, 천둥도 울고, 심지어 옷도 운다고 했습니다. 이처럼 우리말에는 '운다'는 표현이 많습니다. 그러나 만약 울어서 역사가 일어난다면 벌써 일어났을 것입니다. 울음이나 슬픔, 탄식, 통곡 가운데서 역사가 일어나는 것이 아니라 기도와 만날 때 하나님의 역사가 나타납니다.

성도들 중에는 눈물과 위기와 아픔이 있을 때 예배의 자리, 말씀의 자리, 기도의 자리를 떠나고 신앙을 멀리하는 경우가 있습니다. 그것은 더 큰 아픔, 더 큰 고통, 더 큰 문제를 초래할 뿐입니다. 왜 고난이 축복입니까? 왜 위기가 기회입니까? 그때가 하나님을 만나는 순간이기 때문입니다. 그때가 야곱처럼 하나님을 붙잡고 기도를 배울 기회이기 때문입니다.

하나님과 씨름한 야곱이 하나님께 구하고 싶었던 기도 제목은 정말 많았을 것입니다. 생명을 보존해 달라고, 에서의 마음을 돌이켜 달라고, 앞길을 열어 달라고, 문제를 해결해 달라고 아뢰고 싶었을 것입니다. 그런데 하나님은 그 모든 약속 이전에 "네 이름이 무엇이냐?"는 질문을 던지셨습니다.

환경과 상황, 상대방이 바뀌는 것이나 축복받는 일도 매우 중요합니다. 그러나 하나님은 다른 누군가나 그 무엇이 아니라 바로 내가 변화되기를 간절히 바라십니다. 지금까지 내가 주도하는 인생을 살았다면, 이제는 그 이름이 아니라 하나님이 주도하시는 인생, 하나님이 이끄시는 삶을 살아야 한다고 말씀하신 것입니다. 아픔과 눈물, 두려움, 위기가 도처에 놓여 있다면 주님과 함께 기도하며 씨름하십시오. 주님께 매달릴 때 하나님이 응답하시고 역사를 이루십니다.

위대한 성경 인물 중에 한나라는 여인이 있습니다. 사무엘상 1장을 보면, 한나는 정말 한 많은 여인이었습니다. 남편 엘가나에게는 브닌나와 한나까지 아내가 둘 있었습니다. 그런데 브닌나와 달리 한나에게는 아이가 없었습니다. 게다가 브닌나가 아이가 있다는 유세를 부리며 한나를 괴롭혔습니다. 한나는 통곡이 나왔습니다.

그런데 놀랍게도, 한나는 브닌나나 엘가나를 붙잡고 씨름하지 않았습니다. 눈물과 탄식을 가지고 성전에 나와서 기도했습니다. 그 눈물, 그 아픔, 그 고민, 그 기도 제목을 가지고 하나님 앞에 나와서 기도할 때 하나님이 응답하셨습니다. 이스라엘 백성의 위대한 선지자 사무엘을 자녀로 허락해 주신 것입니다. 우리가 기도할 때 하나님이 우리의 인생을 바꿔 주십니다. 나의 인생만 아니라 우리의 앞길을 활짝 열어 주십니다.

"하나님,
제 이름을 바꾸어 주소서"

야곱은 하나님과 씨름한 장소의 이름을 '브니엘'이라고 정했습니다. '브니엘'은 '하나님의 얼굴'이라는 뜻입니다. 놀랍게도, 야곱은 하나님의 얼굴과 대면했는데 살았습니다. 거룩하신 하나님을 뵙고 생명을 부지할 수 있는 사람이 얼마나 되겠습니까? 그러나 야곱은 하나님의 영광을 뵈었는데 죽지 않았습니다.

하나님의 얼굴을 뵌 야곱의 얼굴에는 빛이 임했습니다. 그러자 더 이상 형 에서의 얼굴을 보는 일이 두렵지 않았습니다. 세상의 그 어떤 것도 무섭지 않았습니다. 하나님 앞에서 기도하는 사람에게는 두려움이 존재하지 않습니다.

이어지는 31절을 보면, "그가 브니엘을 지날 때에 해가 돋았고"라고 말합니다. 아침이 된 것입니다. 야곱은 밤새도록 기도했고, 새벽까지 씨름했습니다. 새벽은 밤과 아침이 만나는 시간입니다. 절반은 어두움이요, 절반은 빛입니다. 새벽은 역사가 시작되는 시점이요, 하루가 시작되는 때입니다. 혼돈스러운 시점 한가운데서 하나님은 우리가 기도하기를 원하십니다.

기도의 사람들 중에 대표적으로 야베스라는 사람이 있습니다. '야베스의 기도'는 매우 유명합니다. 역대상 1-8장에는 아담부터 시작해서 인류의 족보가 나옵니다. 그러다가 중간쯤인 4장을 보면, 야베스라는 인물을 조명하는 기록이 등장합니다. "야베스는 그의 형제보다 귀중한 자라 그의 어머니가 이름하여 이르되 야베스라 하였으니 이는 내가 수고로이 낳았다 함이었더라 야베스가 이스라엘 하나님께 아뢰어 이르되 주께서 내게 복을 주시려거든 나의 지역을 넓히시고 주의 손으로 나를 도우사 나로 환난을 벗어나 내게 근심이 없게 하옵소서 하였더니 하나님이 그가 구하는 것을 허락하셨더라"(대상 4:9-10).

야베스의 어머니는 야베스를 너무 수고스럽게 낳았기 때문에 이름을 '야베스'라고 지었습니다. '야베스'의 이름 뜻은 '고통'과 '환난'입니다. 그러나 성인이 된 야베스는 인생 자체가 고통이었으나 하나님께 기도했습니다. 그의 기도를 자세히 읽어 보면 한마디로 이름을 바꿔 달라는 내용입니다. 놀랍게도 성경은 신실하신 하나님이 그 기도에 응답하셨다고 말합니다. 기도는 내 이름에 담긴 나의 운명을 바꾸어 줍니다. 아무리 '고통', '환난' 같은 이름을 가진 인생이라 할지라도 하나님께 기도하면 하나님이 인생을 바꿔 주십니다.

야곱도 얍복 강가에서 자기 이름에 담긴 운명을 바꿔 달라고 하나님과 씨름했고, 응답을 경험했습니다. 얍복 강가 사건 이후에 하나님은 '이스라엘'이 된 야곱에게 놀랍게 역사하셨습니다. 야곱을 죽이려고 온 형 에서의 마음은 이미 다 녹아 버렸습니다. 형제 사이에 20여 년간 쌓였던 분노와 증오가 사라졌고, 서로 안고 목을 어긋맞추어 입을 맞추면서 눈물로 상봉했습니다.

하나님은 오늘 우리에게도 "네 이름이 무엇이냐?" 물으십니다. 다시 말하면, "너는 스스로 사람과 세상과 싸우는 인생이냐, 아니면 나 하나님이 싸우는 인생이냐?"라고 물으시는 것입니다.

진정한 은혜는 하나님이 야곱을 찾아오셨다는 데 있습니다. 하나님이 천사의 몸으로 야곱에게 나타나신 이유가 무엇입니까? 사랑하는 야곱에게 복을 주시기 위해서입니다. 그렇다면 하나님이신 예수님이 인간의 몸을 입고 이 땅에 오신 이유는 무엇입니까? 우리를 사랑하셔서 구원하시기 위해서, 우리에게 생명을 주시기 위해서, 우리에게 복을 주시기 위해서 오셨습니다. 우리를 사랑하시는 하나님은 언제나 우리의 기도를 들으십니다.

복음성가 "주만 바라볼지라"의 후렴 가사는 이렇게 하나님을 찬양합니다. "하나님 사랑의 눈으로 너를 어느 때나 바라보시고 / 하나님 인자한 귀로써 언제나 너에게 기울이시니 / 어두움에 밝은 빛을 비춰 주시고 너의 작은 신음에도 응답하시니 / 너는 어느 곳에 있든지 주를 바라며 주만 바라볼지라." 하나님은 귀가 밝으시고, 눈이 좋으십니다. 하나님은 우리의 사정과 모든 형편을 다 보시며, 우리의 작은 신음에도 응답하십니다.

사랑의 주님 앞에 우리의 삶을 드리고, 야곱과 같이 이름이 바뀌는 역사가 일어나기를 원합니다. 내가 이끌면 손해를 많이 보고 힘든 인생이 예비되어 있습니다. 하지만 하나님은 우리의 탄식과 눈물이 변하여 기도와 화합하게 하시고 우리의 삶을 축복으로 이끄십니다. 지금 당신의 이름은 무엇입니까?

삶에서 드리는 나의 대답 ✍

📖   믿음의 확신

흔들리는 세상에서 확신을 묻는 질문,
"믿음 없이 왜 의심하느냐?"

다섯 번째 영적 질문은 "믿음 없이 왜 의심하느냐?"입니다. 의심하지 않고 하나님을 믿을 때 놀라운 하나님의 기적이 나타납니다. 우리의 모든 곤고함과 염려와 두려움과 삶의 문제는 예수 그리스도 안에서 해결되고 응답받을 수 있습니다. 예수님의 가르침은 진리요, 생명이요, 우리 삶에 큰 능력이 됩니다.

공생애 당시 예수님의 가르침은 큰 권세가 있어서 수많은 사람을 불러 모았습니다. 그때마다 예수님은 놀라운 기적을 베풀어 주셨습니다. 우리가 잘 알고 있는 오병이어의 기적도 그중 하나입니다.

기적을 맛본 사람들이 예수님을 왕으로 삼으려 하자 예수님은 제자들에게 먼저 갈릴리 바다를 건너가라고 말씀하셨습니다. 그러시고선 자신은 산에 가서 기도하셨습니다. 제자들이 배를 타고 건너가는 중에 풍랑이 일었습니다. 본문은 풍랑을 만난 제자들의 모습을 기록하고 있습니다. 병행 본문인 마가복음 6장 48절을 보면 풍랑을 만난 제자들이 노를 젓느라 힘겨웠다고 말합니다. 이 말씀을 통해서 우리는 세상의 상황을 알 수 있습니다. 가장 어두운 시간인 밤 사경, 즉 새벽 3시부터 6시에 풍랑을 만난 제자들의 모습은 세상의 축소판이라고도 할 수 있습니다.

배를 타고 항해하는 것과 우리의 인생은 너무 닮았습니다. 신앙이 있든 없든, 견고하든 약하든 상관없이 풍랑은 찾아옵니다. 환호하고 열광하는 시기가 끝나면 풍랑이 닥치는 시간을 만날 수 있습니다. 바다가 잔잔할 수도 있지만, 바다는 항상 움직이기에 비바람이 몰아치고 폭풍우가 몰려올 수 있습니다. 때로는 내가 감당할 수 없는 집채만 한 파도가 나를 덮칠 수도 있습니다. 손을 쓸 수 없을 정도로 인생이 파탄 날 수도 있는 것이 우리의 인생입니다.

예기치 않은 사고나 어려움, 환경적인 문제는 그나마 우리 눈에 띄어서 잘 파악할 수 있습니다. 다른 사람들이 위로해 줄 수도 있습니다. 그러나 마음속 곤고함, 영적인 문제, 염려, 무너지는 마음, 흔들리는 믿음은 겉으로 드러나지 않기 때문에 누군가 알아주지도 않아 혼자 끙끙거리게 됩니다. 내면의 풍랑은 큰 문제입니다. 그러나 분명한 것은 하나님이 다 아시고 모든 상황을 보신다는 사실입니다.

인간은 풍랑 많은 세상에서 자기 자신을 견고하게 지키려고 신뢰할 만한 무엇인가를 쌓아 두고 의지합니다. 물질이든, 인맥이든, 실력이든 할 수 있는 모든 일에서 최선을 다합니다. 그러나 바다가 흔들리기 때문에 바다 위에 떠 있는 배도 흔들립니다. 광야 같은 세상 자체가 흔들리기 때문에 세상에서 살고 있는 우리가 쌓아 둔 것을 가지고는 우리의 인생이 보장받지 못합니다. 안전함과 평안을 누리기가 어렵습니다.

예수님은 세상에서 흔들리는
우리를 찾아오신다

열심히 살아 보려고 힘겹게 노를 젓는 제자들을 예수님이 찾아오셔서 이렇게 말씀하셨습니다. "안심하라 나니 두려워하지 말라"(마 14:27). 성경을 보면 창세기부터 요한계시록까지 많은 명령이 나오지만, 그중에서 가장 많이 나오는 명령어가 "두려워하지 말라"입니다. 두려워할 수밖에 없는 인생이기 때문입니다. 즉 두려워하는 것이 정상적인 삶인 것입니다. 혹시 그간 내 인생이 잔잔했더라도 인간의 삶이라는 것은 무기력하기에 죽음 앞에서 다 파산할 수밖에 없습니다.

하지만 여기서 우리가 기억해야 하는 중요한 사실이 있습니다. 우리 주님이 어떤 분이신지입니다. 주님은 나를 사랑하셔서 풍랑 많은 나의 인생 가운데 찾아오시는 분입니다. 사랑하시기에 하늘 보좌를 버리고 이 땅에 오셔서 나를 계속 만나 주십니다. 배를 타고 오셔도 될 텐데 예수님은 풍랑 위를 걸어서 오셨습니다. 수단, 방법을 가리지 않고 나를 찾아오기 원하시는 주님의 의도가 그대로 드러난 것입니다. 자연법칙을 거슬러서라도 우리를 향해 걸어오시는 분이 주님이십니다. 돌이켜보면 우리 인생도 그렇게 주님을 만나지 않았습니까?

놀랍게도, 베드로는 주님 앞에서 믿음의 결단을 내렸습니다. 주님이 "오라" 하시자 순종해 믿음으로 발을 내디뎠습니다. 모든 인간이 물 위를 걸을 수 없다는 사실을 베드로도 알았을 것입니다. 그러나 그는 주님을 바라보면서, 주님의 말씀을 의지하면서 믿음의 발을 뻗었습니다. 이것이 바로 우리의 믿음생활입니다. 나의 경험이나 실력으로 사는 것이 아니라, 추측이나 상상력이나 확률로 사는 것이 아니라, 주님의 말씀을 확신해 순종하며 살아가야 하는 것입니다.

주님을 바라볼 때 바다 위를 걸었던 베드로는 어느덧 바닷속으로 빠져들어 갔습니다. 풍랑 이는 파도를 보자 바람과 폭우가 무서워졌던 것입니다. 주님에게서 다른 데로 시선이 빼앗기면 두려워할 수밖에 없습니다. 믿음에서 멀어지면 염려가 엄습합니다.

제자들은 물 위를 걸어오시는 예수님을 보고는 유령이라고 생각했습니다. 예수님을 제대로 바라보지 못하면 두려워하게 되어 있습니다. 예수님이 누구이십니까? 예수님은 사랑의 주님이시고, 능력의 주님이십니다. 사랑만 있고 능력이 없다면 내 문제를 해결해 주실 수가 없습니다. 그러나 능력이 있지만 나를

살리는 질문, 사는 대답

사랑하시지 않는다면 나하고는 상관없는 분이 되십니다. 그러나 능력의 주님은 나를 사랑하시고, 풍랑 위를 걸어서 내게 다가오시는 분입니다. 풍랑 위에 서 계신 주님, 문제 위에 서 계신 주님, 나의 모든 문제보다 크신 주님이 내 삶 가운데 찾아오십니다.

베드로는 바닷속으로 빠져들어 가면서 "주여 나를 구원하소서" 하고 부르짖었습니다. 그때 예수님은 즉시 손을 내밀어 그를 붙잡아 꺼내 주셨습니다. 그러고는 베드로에게 "믿음이 작은 자여 왜 의심하였느냐"(마 14:31)라고 물으셨습니다. 풍랑이 아니라 믿음이 중요하다는 의미입니다. 풍랑 많은 세상 가운데서 믿음으로 승리해야 한다는 뜻입니다.

그렇다면 주님을 바라본다는 것이 무슨 의미일까요? 주님의 말씀을 붙잡는 것입니다. "주여 나를 구원하소서"라는 베드로의 외침은 기도를 의미합니다. 환란과 풍랑 가운데서도 기도하지 않는 자들이 있습니다. 그러면 계속해서 바닷속으로 빠져들 수밖에 없습니다. 세상 유혹과 염려라는 풍랑에 빠져서 죽을 수밖에 없는 인생이지만, 우리가 주님을 바라보고 기도하면 주님이 다가와 일으켜 주십니다. 우리는 그분께 다 맡겨야 합니다.

하나님의 사람들은 모두 믿음으로 승리했습니다. 모세는 믿음으로 홍해를 갈랐습니다. 인간적으로는 불가능한 일이지만, 하나님의 약속을 의지해 지팡이를 들고 손을 바다 위로 내밀자 놀라운 기적이 일어났습니다. 다윗이 능력이 있어서 골리앗을 이긴 것이 아닙니다. 다윗은 골리앗보다 연약했습니다. 그러나 골리앗보다 위대하신 하나님을 의지하자 놀라운 승리의 역사를 맛볼 수 있었습니다. 주님의 말씀을 의지할 때 놀라운 기적이 일어납니다.

우리는 하나님의 말씀을 의지해서 기도해야 합니다. 진로, 가정 문제, 인간관계 등의 문제를 놓고 기도하면서 하나님 앞에서 몸부림치는 성도들에게 하나님은 "두려워하지 말라. 나를 신뢰하라. 나의 말을 가까이하라"라는 음성을 들려주십니다.

인생에 풍랑이 일 때
해결책은 하나님의 임재

가장 사나운 풍랑을 만났던 성경 인물 중에 욥을 빼놓을 수 없습니다. 욥은 잘나가는 사람이었고, 대단한 부자였고, 온전하고 정직하여 하나님을 경외하며 악에서 떠난 자였습니다(욥 1:1). 그런데 하루아침에 거대한 풍랑을 만나 전 재산이 날아가고 자녀들이 다 죽었습니다. 욥 자신도 머리끝부터 발끝까지 종기가 나서 몸을 박박 긁으면서 죽지 못해 사는 고통 가운데 놓였습니다. 그 고통을 볼 수 없어서 아내마저 하나님을 욕하고 죽으라고 했습니다.

그런데 더 기가 막히게도, 욥기가 모두 42장인데, 3장부터 37장까지, 즉 욥기서의 대부분에서 하나님이 침묵하셨습니다. 풍랑 가운데서 하나님은 어디 계셨을까요? 욥이 부르짖어도 하나님은 응답하시지 않았습니다.

게다가 더욱 놀라운 것은, 욥기 38장에서야 나타나신 하나님이 들려주신 말씀의 내용입니다. "네가 왜 고난받는지 알고 있느냐? 내가 너의 인생을 어떻게 인도할지 아느냐?" 등 욥의 질문에 응답하신 것이 아니라 하나님의 주권, 하나님의 지혜를 나타내셨습니다. "내가 땅의 기초를 놓을 때 너는 어디 있었느냐? 트집 잡는 자가 전능자와 다투겠느냐?" 전능하신 하나님이 임재하시자 욥은 이렇게 고백했습니다. "내가 주께 대하여 귀로 듣기만 하였사오나 이제는 눈으로 주를 뵈옵나이다"(욥 42:5).

풍랑이 올 때 우리는 수많은 질문을 쏟아냅니다. "왜 하나님이 고난을 주실까? 왜 어려움이 내게 찾아온 것일까?" 그러나 비록 직접적인 대답은 아니더라도, 그 모든 질문을 해결할 수 있는 열쇠가 있습니다. 그것은 바로 하나님의 임재입니다. 사랑의 하나님, 능력의 하나님을 만날 때 묶였던 모든 매듭이 풀립니다. 하나님의 임재가 해결책입니다.

풍랑 가운데 사투를 벌이던 제자들에게도 마찬가지였습니다. 예수님이 찾아오셔서 그들과 함께하시며 "안심하라. 나니 두려워하지 말라" 하시자 문제가 해결되었습니다. 우리 인생에서 수

많은 어려움과 고통을 맞닥뜨렸을 때 가장 먼저 할 일은 예배의 자리에 나오는 것입니다. 풍랑은 여전하지만 기도할 때 은혜가 임하고, 찬양할 때 눈물이 나고, 말씀을 들을 때 가슴이 찔리면서 감동이 되고 평안하고, 주님 안에서 새로운 소망을 발견하게 됩니다.

풀무불에 던져진 다니엘의 세 친구 사드락, 메삭, 아벳느고처럼 세상의 어떤 풍랑 가운데서도 하나님이 임재하시면 하나님이 주시는 지극한 평안과 능력을 경험할 수 있습니다. 나의 문제보다 크신 하나님, 온 우주 만물을 창조하시고 독생자 예수 그리스도를 아낌없이 내어 주신 주님이 나와 함께하십니다. 그 주님이 우리를 만나 주시고 말씀해 주십니다.

"나도 주님을
믿습니다"

주님은 베드로를 책망하실 때 "믿음이 작은 자여 왜 의심하였느냐"(마 14:31) 하시며 믿음을 이야기하셨습니다. 왜냐하면 주님은 우리를 믿어 주시며, 우리를 향한 기대를 가지고 계시기 때문입니다. 성경을 보면 "믿으라"라는 말씀이 많이 나옵니다. 그런데 욥기서를 보면 "나는 욥을 믿는다. 욥은 모든 고난을 견딜 것이다" 등 욥을 믿어 주신 하나님의 모습이 더 많이 나옵니다. 사탄은 욥에게서 재산, 자녀, 건강을 다 빼앗았습니다. 그러나 욥에게는 절대로 빼앗기지 않는 것이 있었는데, 바로 믿음이었습니다. 믿음을 빼앗기지 않으면 사실 다 가진 것입니다.

주님은 베드로에게 물 위로 걸어서 "오라"고 말씀하셨습니다. 베드로를 믿으셨기 때문입니다. 베드로가 물 위를 걸을 수 있다는 것을 신뢰하셨다는 의미요, 기대하셨다는 뜻입니다. 이처럼 하나님은 우리에게 감당할 수 있는 능력을 주시며, 감당할 수 있는 시험을 주십니다. 비록 지금은 이해되지 않아 고통스럽고 어렵지만 주님은 나를 사랑하시고 믿어 주십니다. "너는 풍랑이는 물 위를 능히 걸을 수 있다"고 하시며 신뢰해 주십니다. 하나님을 의지할 때, 하나님의 말씀을 붙들 때 이처럼 놀라운 기적이 우리의 삶 가운데 나타납니다.

세상 가운데 거대한 풍랑이 일면 다 쓰러집니다. 창수가 나고 비바람이 불면 다 무너지는 것이 우리 인생입니다. 풀은 마르고 꽃은 시듭니다. 인생은 의미 없이 허무하게 지나갑니다. 죽음을 맞닥뜨려서 멸망을 향해 갈 수밖에 없는 초라한 인생입니다. 그러나 하나님의 말씀 위에 세워진 인생은 다릅니다. 마치 반석 위에 세운 집과 같아서 비가 내리고 창수가 나고 바람이 불어 그 집에 부딪쳐도 흔들리지 않습니다.

하나님께 간구하십시오. 하나님의 임재를 사모하고, 예배의 자리를 지키십시오. 하나님의 말씀을 가까이하십시오. 주님의 말씀은 내 발에 등이요 내 길에 빛입니다(시 119:105). 주님의 말씀이 나를 인도해 줍니다.

우리에게는 감사하게도 기도를 들어주시는 대상이 계십니다. 이방인들은 무엇을 마실까, 무엇을 먹을까, 무엇을 입을까 염려합니다. 하늘 아버지가 없기 때문입니다. 그러나 주님은 우리에게는 하늘 아버지가 계시니 그런 것을 구하지 말고, "먼저 그의 나라와 그의 의를 구하라 그리하면 이 모든 것을 너희에게 더하시리라"(마 6:33)라고 말씀하셨습니다. 우리의 삶에 어떤 풍랑과 어려움이 닥칠지라도 주님을 바라봅시다. 바다 위를 걷는 믿음으로 승리하기를 바랍니다.

삶에서 드리는 나의 대답 ✍️

📖 하나님 신뢰하기

하나님의 능력을 믿느냐는 질문,
"여호와의 손이 짧으냐?"

그리스도인인 우리가 하나
님 앞에서 반드시 대답해야 하는 여섯 번째 영적 질문은 "여호
와의 손이 짧으냐"(민 11:23)입니다. 하나님은 우리를 인도하시고,
우리의 삶을 책임져 주시는 분입니다. 우리가 예배하고, 찬양하
고, 부르짖으며 기도하는 대상이신 하나님은 어떠한 분이십니
까? 본문을 통해서 알 수 있는 분명한 사실은, 하나님은 전능하
신 하나님이라는 것입니다. 능력이 한이 없으십니다. 하나님은
과거에도 전능하셨고, 오늘도 전능하십니다.

이스라엘 백성은 노예 생활에서 해방되기까지 하나님의 전
능하심과 놀라운 기적들을 많이 경험했습니다. 그런데 광야에
들어와서 그들의 육신적인 필요가 채워지지 않자, 즉 먹고 싶
은 고기를 먹지 못하자 그들은 금세 하나님을 의심하고 불평했
습니다. 하나님이 전능하시지 않은 것도 아니고, 그들의 필요를
모르시는 것도 아니었습니다. 하지만 안타깝게도 그들은 하나
님을 신뢰하지 않았습니다.

더 큰 문제는 이스라엘 백성만 아니라 지도자 모세까지도 하
나님의 전능하심을 의심했다는 점입니다. 능력이 광대하신 하

나님은 이스라엘 백성에게 "내가 너희에게 고기를 주어 먹게 할 것이다. 하루나 이틀만 먹을 뿐 아니라 냄새도 싫어하기까지 한 달 동안 먹게 하겠다"고 말씀하셨습니다. 그러나 그때 모세가 이렇게 반문했습니다. "나와 함께 있는 이 백성의 보행자가 육십만 명이온데 … 그들을 위하여 양 떼와 소 떼를 잡은들 족하오며 바다의 모든 고기를 모은들 족하오리이까"(민 11:21-22).

여기서 '보행자'란 보다 정확하게 표현하면 보병을 의미합니다. 싸울 수 있는 장정만 60만 명이라는 것입니다. 어린아이나 여자들까지 포함하면 150-200만 명까지도 추정이 가능합니다. 한마디로, "이렇게 많은 사람을 어떻게 먹이시겠다는 것입니까?"라고 말한 것입니다.

모세는 그간 수많은 하나님의 능력과 기적을 경험했습니다. 하지만 자신의 이성으로 모든 가능성을 열어 놓고 계산해 봐도 절대 불가능한 일이라고 결론지었던 것입니다. 그때 하나님이 질문을 던지셨습니다. "여호와의 손이 짧으냐"(민 11:23). '여호와의 손'이란 하나님의 능력을 의미합니다.

과거에 역사하셨던 하나님이 오늘날은 역사하시지 않습니까? 과거에 전능하셨던 하나님이 그 손으로 오늘날 이 시대를 살고 있는 나의 삶에는 개입하시지 못할뿐더러 기적을 베풀지 못할 정도로 힘이 약해지셨습니까? 결코 그렇지 않습니다. 하나님은 여전히 전능하신 하나님이시며, 그 능력의 하나님을 절대로 불신하지 말라는 의미로 "여호와의 손이 짧으냐?"라고 말씀하신 것입니다.

놀랍게도, 하나님은 정말 그렇게 역사하셨습니다. 뒷부분인 31절 이하를 보면 하나님이 사방에서 메추라기 떼를 보내셨습니다. 하룻길 되는 지면('하룻길'은 하루에 걸어갈 수 있는 길로서, 약 30여 km) 위에 쌓아 놓으셨습니다. 게다가 2규빗 정도('규빗'은 히브리인들이 사용하는 길이의 단위. 1규빗은 팔꿈치에서부터 가운뎃손가락 끝까지의 길이를 말하므로 2규빗은 약 90cm) 쌓아 놓으셨습니다.

약 30km 지경에 약 1m 높이로 메추라기 떼가 쌓여 있는 모습을 상상해 보십시오. 32절을 보면, 메추라기를 적게 모은 자도 열 호멜(성경의 부피 단위 중 최대 단위. 1호멜은 약 220L에 해당하므로 10호멜은 약 2,200L)이라고 이야기합니다. 오늘날로 계산하면 한 사람당, 그것도 적게 모은 사람이 1.5L 페트병으로 1,400개가 넘게 거둔 것입니다.

그토록 원했던 고기를 삶아서 먹고, 구워서 먹고, 질리도록 먹고, 냄새가 싫어지기까지 먹었습니다. 하나님은 하시면 하시는 분입니다. 하나님께는 불가능이 없습니다.

지금 우리는

하나님의 은혜 가운데 서 있다

우리가 또 하나 기억해야 할
사실이 있습니다. 전능하신 하나님이 나의 삶과는 어떠한 관계
가 있느냐입니다. 우리는 전능하신 하나님이 나와 함께하신다
는 사실을 깨달아야 합니다.

하나님은 이스라엘 백성과 지도자 모세를 질책하셨습니다.
"너희가 너희 중에 계시는 여호와를 멸시하고 그 앞에서 울며
이르기를 우리가 어찌하여 애굽에서 나왔던가 함이라"(민 11:20).
그들이 '너희 중에 계시는 여호와'를 멸시했기 때문입니다. 그런
데 이 말을 바꾸어 표현하면, 하나님은 하나님의 백성 중에 계
신다는 것입니다. 하나님은 나와 함께하고 계십니다.

이 말씀을 들은 모세의 반응을 보십시오. 바로 이어지는 21절
에서 모세는 "나와 함께 있는 이 백성의 보행자가 육십만 명이
온데"라고 답했습니다. 앞에서는 '육십만 명'에 집중했다면 여기
서는 '나와 함께 있는 이 백성'이라는 표현에 주목해야 합니다.
눈에 보이는 모세는 이스라엘 백성과 함께하고 있고, 눈에 보이
지 않는 하나님은 그들과 함께하시지 않는다는 것입니까?

모세와 이스라엘 백성은 하나님이 어디 있냐고 따졌습니다.
하나님이 눈에 보이지 않으니까 역사하시지 않는 것같이 여겨
진다는 것입니다. 하나님의 전능하심을 모르겠다는 뜻입니다.

살리는 질문, 사는 대답

그러나 우리는 비록 하나님이 보이지 않을지라도 우리와 항상 함께하고 계신다는 사실을 기억해야 합니다.

사실 이스라엘 백성은 하나님의 은혜 위에 서 있었습니다. 전능하신 하나님의 기적의 손길에 붙잡힌 바 되어 그분의 인도하심을 받았습니다. 그러나 그들은 영적인 눈이 어두워 그 놀라운 사실을 깨닫지 못했습니다. 이미 애굽에서 10가지 기적을 경험했고, 홍해가 갈라지는 체험을 함으로써 노예 생활에서 해방되었는데도 잊어버렸습니다.

출애굽한 후 광야를 통과해 하나님이 약속하신 가나안 땅으로 가고 있는 이스라엘 백성의 삶은 흡사 우리의 삶 같습니다. 죄의 속박에서 해방되어 자유함을 입고 광야 같은 세상에서 살면서 본향인 하나님 나라를 향해 나아가는 우리의 삶을 보여 줍니다. 그러나 이스라엘 백성은 광야 같은 삶을 살면서 육신의 욕심 때문에 하나님의 전능하심을 신뢰하지 못했습니다. 하나님 앞에 불평불만하면서 하나님을 원망하고 대적했습니다. 그렇다면 지금 우리의 모습은 어떻습니까? 하나님이 이미 우리 가운데 기적을 베푸셨습니다. 우리는 하나님의 은혜 가운데 서 있습니다. 뙤약볕에 선 우리를 하나님은 구름기둥으로 보호하고 계십니다.

사실 이러한 하나님의 보호하심을 이스라엘 백성은 그날 아침에도 경험했습니다. 그날 아침에도 만나를 먹었기 때문입니다. 그러나 자신들이 원하는 고기를 먹지 못하니까 전능하신 하나님을 의심한 것입니다. 이미 하나님의 은혜와 기적을 경험했지만 전능하신 하나님, 나와 함께하시는 하나님은 온데간데없이 사라지고 말았습니다.

우리는 스스로 연약하고 자신은 할 수 없다고 생각할 때 하나님도 못하실 것이라고 단정 짓는 우를 범합니다. 그렇지 않습니다. 나는 약하지만, 나는 할 수 없을지라도 전능하신 하나님은 다 하실 수 있습니다. 감당하기 힘든 고난이라 할지라도 하나님이 결재하시면 다 해결됩니다. 하나님이 일하시면 무에서 유가 창조됩니다.

우리는 이미 그 은혜 위에 있습니다. 하나님은 우리를 위해 천지만물을 창조해 주셨고, 우리의 생사화복을 주장하시며, 우리에게 생명과 건강과 사랑하는 가족을 주셨고, 게다가 구원도 선물해 주셨습니다. 세상에 있는 수많은 아름다운 것, 풍요로운 것을 우리에게 많이 부어 주셨습니다. 만약 그 하나님을 어리석은 이스라엘 백성처럼 신뢰하지 못하는 모습이 있다면 돌이켜 하나님께로 향해야 합니다.

"하나님을 신뢰하고
하나님만 바라봅니다"

그렇다면 전능하신 하나님
이 왜 나와 함께하실까요? 그 이유는 사랑하시기 때문입니다.
하나님은 우리를 매우 사랑하시기 때문에 우리와 함께하시고,
우리의 삶을 인도해 주시고, 우리의 필요를 채워 주십니다.

본문을 보면, 이스라엘 백성이 하나님 앞에 불평불만하고 원
망해도 하나님이 괘씸히 여겨 매일 주는 만나를 거두어 가셨다
거나 구름기둥과 불기둥을 치워 버리셨다는 기록이 전혀 없습
니다. 하나님은 고기를 보내 주심으로 그들의 필요를 다 채워
주셨습니다. 여전히 하나님의 은혜와 사랑이 나타났습니다. 하
룻길 되는 지면 위에 메추라기 떼가 가득한 광경을 보면서 '아,
하나님의 전능하심을 의심하고 하나님의 능력을 제한하는 것
은 정말 어리석은 일이구나'라고 깨닫고 하나님께 돌아오기를
바라시는 하나님 아버지의 마음을 알 수 있습니다. 이것이 바로
하나님의 백성을 향한 하나님의 사랑입니다.

또 한 가지, 이스라엘 백성은 냄새도 싫어하기까지 질리도록
고기를 먹었습니다. 여기서도 하나님의 마음을 알 수 있습니다.
하나님은 사람들이 그토록 갈망하던 무엇인가를 얻었어도 그것
으로 인해 싫증날 수 있다는 깨달음을 얻기를 바라셨습니다. 세
상에 속한 모든 것은 싫증날 수 있습니다. 지나가는 것이요, 썩

어지고 무너지는 것이기 때문입니다.

장난감을 가지고 신 나게 노는 어린아이에게서 장난감을 빼앗아 보십시오. 한바탕 난리가 날 것입니다. 그런데 몇 년 지나 성장하면 그 장난감을 아무리 많이 갖다 주어도 쳐다보지도 않습니다. 부모님이 때에 맞춰 공급해 주고, 책임져 주고, 돌봐 주는 자녀는 염려하거나 불평불만할 필요가 없습니다. 자녀가 할 일이 부모를 믿는 것이듯, 우리 역시 하나님의 전능하심을 신뢰하고 하나님을 바라보아야 합니다.

하나님의 사랑과 은혜가 나타났습니다. 누구에게입니까? 불신앙 가운데 있는 이스라엘 백성에게입니다. 하나님의 사랑의 정점이 어디입니까? 십자가입니다. 사람들이 하나님께 불평불만할 때, 하나님을 대적할 때, 하나님의 전능하심을 신뢰하지 못할 때, 하나님을 알지 못할 때 십자가에서 하나님의 사랑과 은혜가 나타났습니다.

각기 다 죄의 길로 갈 때, 육체의 본성을 따라서 날마다 악행을 저지를 때, 죄를 지을 수밖에 없는 존재였을 때 하나님은 나의 인생을 영원한 형벌로 갚지 않고 사랑과 은혜를 나타내 보이셨습니다. 하나밖에 없는 독생자 예수 그리스도를 나를 대신해 십자가에 못 박혀 죽게 하심으로 내 죗값을 담당하게 하시고, 나의 죄를 씻어 주시고, 영원한 생명을 주시고, 하나님의 백성과 자녀로 삼아 주셨습니다. 얼마나 놀라운 하나님의 은혜요, 하나님의 사랑입니까.

전능하신 하나님, 나와 함께하시는 하나님이 나를 사랑하시며 나의 삶을 인도하신다는 사실을 신뢰하십시오. 사람이 사람을 만나면 역사가 이루어지고, 사람이 하나님을 만나면 기적이 일어납니다. 이 일이 어떻게 가능합니까? 하나님이 살아 계시며 전능하시기에 우리의 삶을 기적같이 붙잡고 인도하고 계시기 때문입니다. 죄로 죽을 수밖에 없는 내가 구원받아 살게 된 것도 마찬가지입니다. 이미 전능하신 하나님의 능력을 경험한 것입니다.

복음을 전하는 일은 전능하신 하나님의 손길을 경험하는 놀라운 축복입니다. 복음을 전할 때 예수님을 믿지 않아 죽을 수밖에 없는 영혼, 죄와 사망과 저주 가운데 있는 영혼이 예수님을 믿고 구원받습니다. 하나님의 자녀가 되고 하나님 나라의 백성이 됩니다.

이스라엘 백성에게 나타나신 하나님은 지금도 역사하고 계시는 전능하신 하나님입니다. 그분이 우리를 먼저 찾아와 사랑해 주셨습니다. 심지어 하나님은 우리를 매우 사랑하셔서 하늘 보좌를 버리고 육신을 입고 이 땅에 오셔서 우리를 대신해 죽으셨습니다. 하나님은 자신의 독생자 예수 그리스도를 아낌없이 내어 주셨습니다. 로마서 8장 32절은 "자기 아들을 아끼지 아니하시고 우리 모든 사람을 위하여 내주신 이가 어찌 그 아들과 함께 모든 것을 우리에게 주시지 아니하겠느냐"라고 말합니다. 전능하신 하나님의 손길과 은혜를 경험할 때 불평불만과 원망에 빠져 있기보다 하나님을 신뢰하고 의지하면서 나아갈 수 있습니다.

삶에 어떠한 어려움이 있든 하나님을 신뢰하십시오. 전능하신 하나님을 의지하십시오. 하나님은 나를 창조하셨고, 나를 구원하셨고, 나를 눈동자같이 지켜 주시고, 나의 작은 신음에도 응답하십니다. 전능하신 하나님의 손길이 우리의 삶 가운데 임하기를 바랍니다. 이 시대를 살고 있는 우리의 삶에서 하나님의 놀라운 역사를 경험해 광야 같은 세상에서 승리하기를 원합니다.

삶에서 드리는 나의 대답 ✍

십자가의 길

내 신앙의 실체를 확인하는 질문,
"너희도 가려느냐?"

사명자가 답해야 할 일곱 번째 영적 질문은 예수님이 제자들에게 하신 말씀 중에서 "너희도 가려느냐"(요 6:67)입니다. 이 질문에는 주님의 깊은 고뇌와 안타까운 고독, 진한 눈물이 담겨 있습니다. 왜냐하면 많은 사람이 예수님을 따르다가 다 떠나갔기 때문입니다. 그들도 처음에는 신앙생활을 잘했습니다. 믿음을 지키는 것 같았습니다. 예수님을 붙잡는 것 같았습니다. 그러나 어느 순간 예수님을 등지고 다 자기의 길로 가 버렸습니다. 그때 예수님이 12명의 제자들에게 "너희도 가려느냐?"고 물으셨습니다.

왜 사람들이 예수님 곁을 떠났을까요? 그들이 가진 신앙이라는 것이 주님이 원하시는 신앙이 아니라, 자기 계획과 유익을 위한 신앙이었기 때문입니다. 그들은 주님의 말씀이 도저히 이해되지 않았고, 주님이 자기 삶 가운데 행하시는 일이 용납되지가 않았습니다. 사실 그들은 주님을 사랑하기 때문에 주님을 붙잡았던 것이 아니라 주님이 주시는 축복에만 관심을 보였습니다. 여전히 세상의 것을 붙잡았기 때문에 주님 곁을 다 떠나간 것입니다.

본문인 요한복음 6장 앞부분을 보면 오병이어의 기적이 일어
났습니다. 많은 사람이 예수님께 모여 예수님의 말씀을 들었습
니다. 예수님의 말씀은 권위가 있었습니다. 예수님은 놀라운 기
적도 베푸셨습니다. 그분은 하늘의 영적 권세를 가지고 사람들
을 이끄셨습니다. 장정만 5천 명이 굶주렸을 때 한 아이가 보리
떡 5개와 물고기 2마리를 예수님께 가져왔습니다. 예수님은 그
자그마한 헌신을 받고 감사 기도를 드리셨습니다. 그러자 수많
은 사람이 배불리 먹고도 12광주리가 남는 놀라운 기적이 일어
났습니다.

사람들은 열광하며 환호했습니다. "예수님만 있으면 우리 인
생은 성공할 수 있다. 예수님만 있으면 아무 문제없다" 하며 예
수님을 왕으로 삼으려고 했습니다. 그러나 어떻게 된 일인지 예
수님은 무리들을 뿌리치시고는 홀로 산으로 올라가 기도하셨습
니다. 예수님은 왜 그 자리를 피하셨을까요? 예수님이 이 땅에
오신 이유는 우리 육신의 필요를 채우기 위해서, 즉 세상의 떡
을 주기 위해서가 아니라 영원한 생명의 떡을 주기 위해서이기
때문입니다. 그리고 우리에게 영원한 생명을 주기 위해서는 좁
은 길, 십자가의 길을 걸어갈 수밖에 없었기 때문입니다.

신앙에는 육적인 신앙과 영적인 신앙이 있습니다. 예수님은
"살리는 것은 영이니 육은 무익하니라 내가 너희에게 이른 말은
영이요 생명이라"(요 6:63)라고 말씀하셨습니다. 주님은 중심을

보시는 분입니다. 주님을 따른다면서 겉으로만 믿음이 있는 척, 주님을 붙잡고 신앙생활을 잘하는 척하는 사람들이 있습니다. 우리 역시 육적인 신앙생활을 하고 있는 것은 아닌지 돌아볼 필요가 있습니다. 나의 뜻을 이루기 위해 신앙을 이용하고 있는지, 아니면 정말 주님과 주님이 주시는 영원한 생명을 붙잡고 있는지 질문해 보기를 바랍니다.

종려주일의 배경이 되는, 예수님이 예루살렘에 입성하신 날도 마찬가지였습니다. 많은 사람이 환호하고 열광했습니다. 예수님이 어린 나귀를 타고 오실 때 사람들은 겉옷을 다 펴서 길바닥에 펼쳐 놓고 종려나무 가지를 흔들면서 "호산나 다윗의 자손이여 찬송하리로다 주의 이름으로 오시는 이여 가장 높은 곳에서 호산나"(마 21:9) 하며 외쳤습니다. '호산나'라는 말은 '주여 우리를 구원하소서'라는 의미입니다.

"주여, 우리를 구원하소서. 당신은 참 구원자이십니다"라는 찬양이 잘못된 것은 아닙니다. 동일한 찬양과 동일한 고백임에도 불구하고 내면을 들여다보니 인간적인 욕심이 도사리고 있었다는 점이 문제입니다. 사람들에게는 자신이 그리는 주님, 자신이 생각하는 구원자상이 존재했던 것입니다. 정치적인 메시아, 현실적인 필요를 채워 주는 메시아, 로마의 압제에서 벗어나게 하는 메시아를 기다렸던 것입니다. 이 말을 바꾸면, "내 삶의 필요를 채워 주지 않는 메시아라면 필요 없다"는 것입니다.

그런 이유로 예수님을 열광하며 따르던 사람들은 일주일이 채 지나기도 전에 "예수를 십자가에 못 박으시오!"라고 부르짖는 성난 군중으로 변해 버렸습니다.

우리의 문제가 무엇입니까? 주님이 왜 이 땅에 오셨습니까? 우리의 육적인 필요를 채워 주시는 것도 물론 중요합니다. 그러나 주님은 그 일만을 위해서 오신 것이 아님을 알아야 합니다. 예수님은 이 땅에 하나님의 뜻을 이루고자 오셨습니다. 하나님의 뜻은 예수님이 십자가 길을 걸어 죽으심으로 누구든지 예수님을 믿는 자에게 구원을 주시는 것이었습니다. 우리 역시 "너희도 가려느냐? 너희도 육적인 신앙생활을 하며 세상을 따라 가려느냐?"라는 예수님의 질문에 답해야 합니다.

"주님밖에
없습니다"

예수님의 질문에 베드로는 "주여 영생의 말씀이 주께 있사오니 우리가 누구에게로 가오리이까 우리가 주는 하나님의 거룩하신 자이신 줄 믿고 알았사옵나이다"(요 6:68-69)라고 고백했습니다. 우리는 자기 욕심을 채우려고 세상 좇아 다 떠나가는 인생이 아니라, 베드로의 고백처럼 "주님이 나의 소망이요, 능력이요, 구원자이신데 내가 어디로 가겠습니까? 저는 주님밖에 없습니다"라고 고백해야 합니다.

간혹 습관적으로 신앙생활을 하는 분이 있습니다. 어떤 분은 이력서에 기독교를 취미로 적는다고 합니다. 신앙이 액세서리에 불과하거나 여러 취미 중에 하나의 선택 사항이 되어서는 안됩니다. 우리가 믿음을 갖는 이유는 정말 '주님밖에 없기 때문에'가 되어야 합니다. 우리는 예수님이 우리를 위해 이 땅에 오셔서 죽으시고 부활하신 놀라운 은혜를 경험해야 합니다. 영생의 축복은 우리 예수님께만 있습니다. 구원자는 오직 그리스도뿐이십니다.

우리가 가난하지 않고 부요한 것, 병들지 않고 건강하게 사는 것, 세상에서 성공을 누리는 것, 모두 축복입니다. 그러나 죄 사함의 은총보다, 영원한 생명을 얻는 것보다 더 큰 축복은 세상에 없습니다. 이 일을 위해 예수님이 십자가에서 죽으셨습니다. 십자가에는 하나님의 사랑이 나타나 있습니다. 우리가 아직 죄인 되었을 때에 그리스도께서 우리를 위하여 죽으심으로 하나님이 우리에 대한 자기의 사랑을 확증하셨습니다(롬 5:8).

내가 현재 어떻게 살고 있든, 내가 과거에 어떤 죄를 지었든 하나님은 상관하시지 않고 우리를 사랑하십니다. 하나님의 사랑에는 실패가 없습니다. 하나님의 사랑은 무너지지 않습니다. 하나님의 사랑은 영원토록 나와 함께합니다. 내가 하나님을 사랑한 것이 아니요, 하나님이 나를 먼저 사랑해 주셨습니다.

그 하나님의 사랑을 알고 있습니까? 그 사랑에 감격하고 있습니까? 우리의 현실을 둘러싸고 있는 세상 것들 때문에 주님을 사랑하고 붙잡아서는 안 됩니다. 우리는 오직 영생의 말씀이신 주님, 영원한 생명을 주시는 주님 한 분만으로 만족해야 합니다.

예수님의 말씀을 들은 무리들은 다 떠났고, 12명의 제자들만 남았습니다. 그런데 예수님은 그들 중에 한 사람은 마귀라고 말씀하셨습니다. 예수님을 팔려고 작정한 가룟 유다의 마음은 마귀의 길을 따라가고 있었습니다. 예수님 곁을 떠나지는 않았지만 그의 마음은 이미 멀어진 것입니다. 우리는 이 사실을 주목하고 기억해야 합니다. 가룟 유다가 처음부터 마귀를 따랐던 것은 아닙니다. 중간에 마귀가 틈 타 욕심이 생기고 변질된 것입니다.

제자라는 신분이 신앙의 성공을 보장해 주지는 못합니다. 직분이나 신앙 연륜이 주님의 기쁨이 되는 삶을 담보하지는 않습니다. 따라서 우리는 날마다 기도와 말씀 가운데 깨어 있어야 합니다. 영생의 말씀에 붙잡혀 내 삶을 통해 주님께 보답하는 인생을 살아야 합니다. 영생을 받은 우리는 정욕과 욕심대로 살 수가 없는 존재입니다. 나를 사랑하신 주님, 나를 위해 생명을 바치신 주님께 우리의 모든 인생을, 생명까지도 드려야 합니다. 생명 다해 복음을 전해야 합니다.

영생의 복음을 받은 초대교회 성도들은 다 그러한 삶을 살았습니다. 떡을 떼면서 주님의 죽으심을 묵상하고 기억했습니다. 복음을 전파하는 일에 자기 인생을 다 드렸습니다. 그들은 주님의 길을 따라갔습니다.

주님이 우리에게 물으십니다. "너희도 가려느냐?" 우리는 어디로 가야 하겠습니까? 이렇게 기도하기를 바랍니다. "주님이 영생의 주인이십니다. 주님밖에 없습니다. 내 모든 인생, 주님이 책임져 주시고 다스려 주옵소서. 주의 은혜를 베풀어 주시옵소서. 좁은 길이라 할지라도 주님의 기쁨이 되는 그 길을 따라가기 원합니다. 생명의 복음을 지키면서, 영원한 생명에 마음을 두고 한 번 주신 인생, 하나님의 영광을 위해 귀하게 쓰임 받기를 원합니다."

삶에서 드리는 나의 대답 ✍️

_____

_____

_____

_____

_____

소망의 이유

소망으로 초대하는 질문,
"어찌하여 우느냐?"

예수님은 십자가를 통과하고 부활하셨습니다. 죽음이 있어야 다시 살 수 있는 것입니다. 그런데 예수님이 왜 십자가에 달려 죽으셨습니까? 여기에 하나님의 사랑이 나타납니다. 예수님은 사랑하는 나를 살리기 위해서 내가 써야 할 가시 면류관을 대신 쓰셨습니다. 내 손과 발에 박혀야 할 못이 예수님의 몸에 대신 박혔습니다. 이 세상에서 주님의 사랑보다 큰 사랑은 없습니다.

만약 내가 사모하는 주님이 무덤에 계신다면 그보다 더한 슬픔은 없을 것입니다. 그러나 주님은 죽어 계시는 분이 아니라, 부활하셔서 살아 계십니다. 나와 함께하시는 주님은 내 삶에 놀라운 소망과 능력을 주시고, 구원을 선물로 주셨습니다.

그런데 우리는 부활의 주님을 믿는다고 하면서도 삶이 너무 어렵고 연약해서 때때로 좌절하고, 눈물을 흘립니다. 그때마다 주님은 우리에게 다가와 "어찌하여 우느냐?"고 질문하십니다. 부활하신 주님이 내 삶과 긴밀한 관계가 있습니까? 부활하신 주님의 생명이 내 삶에 생명력으로 역사하고 있습니까? 부활하신 주님의 은혜가 내 삶에 풍성합니까?

놀랍게도, 예수님은 죽으시고 부활하신 후 가장 먼저 막달라 마리아라는 여인에게 나타나셨습니다. 수제자 베드로도 아니고, 예수님의 사랑받는 제자 요한도 아니었습니다. 심지어 예수님을 낳고 기른 어머니 마리아도 아니었습니다. 부활하신 예수님이 처음 만나신 막달라 마리아는 과거에 일곱 귀신이 들렸다가 예수님이 치료해 주신, 창녀로 일컬음 받았던 여인입니다. 몸과 마음과 정신과 영혼이 폐인 같은 삶을 살았습니다.

보잘것없는 인생이라 할지라도 부활하신 주님은 나에게 다가오십니다. 예수님은 "마리아야" 하고 그녀의 이름을 불러 주셨듯이 나를 찾아오시고 나의 이름을 다정하게 불러 주십니다. 그런데 우리는 현실의 문제가 너무 커서 눈물이 앞을 가려 부활하신 주님을 바라보지 못합니다. 마리아도 처음에는 예수님을 바로 보지 못하고 동산지기로 알았습니다.

본문 13절에서 천사가 "여자여 어찌하여 우느냐"라고 물었고, 이어지는 15절에서는 예수님이 동일하게 "어찌하여 울며 누구를 찾느냐"고 물으셨습니다. 마리아가 슬퍼서 운 것은 통곡을 의미합니다. 마리아가 왜 우는지 몰라서 물으신 것이 아닙니다. 울 필요가 없는데 울고 있어서 물으신 것입니다. 마리아는 죽어서 무덤에 머물러 계실 것이라고 생각한 예수님을 찾고 있었습니다. 죽어 있는 예수님을 바라보는 사람은 슬퍼할 수밖에 없습니다. 그러나 '주님을 찾는 것'의 진정한 의미는 부활하신 주님을 찾는 것입니다. 지금도 살아 계신 주님, 나와 함께 계시는 주님 안에 능력과 치유와 영생의 소망이 있습니다. 그 주님이 우리와 함께하시며 우리의 눈물을 닦아 주십니다.

부활하신 주님과의 만남,
그 후

그렇다면 부활하셔서 나와 함께하시는 주님, 나를 사랑하시는 주님을 만난 우리는 어떻게 해야 할까요?

첫째로, 부활하신 주님을 붙잡아야 합니다. 이 말은 부활하신 주님이 하신 말씀을 붙잡으라는 뜻입니다. 주님의 말씀은 우리에게 길이요, 진리요, 생명이기 때문입니다.

막달라 마리아와 제자들이 빈 무덤을 발견하고는 낙담하며 슬퍼한 원인이 무엇입니까? 예수님이 십자가에 달리기 전에 하셨던 말씀을 깨닫지 못했기 때문입니다. 예수님은 마가복음 8장과 누가복음 18장을 포함해 성경 곳곳에서 "내가 이방인의 손에 넘겨져서 희롱과 능욕을 당하고, 침 뱉음을 당하고, 채찍질을 당하고, 십자가에 못 박혀 죽으면 그 후에 3일 만에 부활하리라"라고 분명히 말씀하셨습니다. 그런데 그 말씀을 깨닫지 못했기에 빈 무덤을 보면서 "예수님이 부활하셨다!"라고 기뻐하면서 부활의 소식을 전하는 것이 아니라 누가 도적질해 갔다면서 여전히 슬퍼했던 것입니다.

우리 역시 주님의 말씀을 듣습니다. 그런데 깨닫지를 못합니다. 주님의 말씀이 깨달아지지 않으니까 여전히 우리의 삶에 어려움과 절망, 울음이 있습니다. 주님은 우리에게 이미 말씀하셨습니다. "너는 두려워하지 말라 내가 너를 구속하였고 내가 너를 지명하여 불렀나니 너는 내 것이라"(사 43:1). "내가 너희를 고아와 같이 버려두지 아니하고 너희에게로 오리라"(요 14:18). 그런데 우리는 끊임없이 '나는 외롭다. 나는 고독하다. 내 인생을 알아주는 사람이 아무도 없다'고 생각합니다.

그렇지 않습니다. 다시 한 번 주님의 말씀을 기억하십시오. "볼지어다 내가 세상 끝날까지 너희와 항상 함께 있으리라"(마 28:20). "아무것도 염려하지 말고 다만 모든 일에 기도와 간구로, 너희 구할 것을 감사함으로 하나님께 아뢰라"(빌 4:6). "너는 내게 부르짖으라 내가 네게 응답하겠고 네가 알지 못하는 크고 은밀한 일을 네게 보이리라"(렘 33:3). "두려워하지 말라 내가 너와 함께함이라 놀라지 말라 나는 네 하나님이 됨이라 내가 너를 굳세게 하리라 참으로 너를 도와주리라 참으로 나의 의로운 오른손으로 너를 붙들리라"(사 41:10). 생명과 소망의 말씀이 우리의 삶 가운데 회복되어야 합니다.

하나님의 말씀은 모두 진리입니다. 예수님은 정말 죽음에서 살아나셨습니다. 성경을 보면 놀라운 증거들이 기록되어 있습니다. 천사들이 증언했습니다. 부활하신 예수님은 여인을 가장 먼저 만나셨습니다. 당시 여인은 증인의 자격이 부여되지 않을 만큼 소외 계층이었습니다. 부활이 꾸며낸 이야기이거나 신화라고 한다면 유력한 남자, 사람들이 존경할 만한 지도자급 남성이 부활하신 예수님을 목격했다고 했어야 옳습니다. 그러나 예수님의 부활은 진리이기에 막달라 마리아가 가장 먼저 보았다는 사실이 성경에 가감 없이 기록되었습니다.

둘째로, 부활하신 주님을 만난 우리는 절망 가운데 있는 이들에게 부활의 진리, 부활의 복음을 전파하는 삶을 살아야 합니다. 예수님의 부활을 경험한 사람은 부활의 주님을 증거하지 않을 수가 없습니다.

예수님의 사도들은 대부분 순교했습니다. 그들은 생명을 걸고 복음을 전했습니다. 이 사실만 보아도 예수님의 부활이 진리임을 알 수 있습니다. 예수님이 십자가에서 숨을 거두셨을 때 제자들은 다 도망갔습니다. 심지어 수제자인 베드로조차 세 번이나 예수님을 부인했습니다. 그런 그가 어떻게 예수님의 부활을 증거하면서 십자가에 거꾸로 못 박혀 순교할 수 있었겠습니까? 거짓에 생명을 거는 사람은 아무도 없습니다. 제자들은 복음이 진리이기에 생명 걸고 전했습니다. 그렇다면 복음이 무엇입니까? '예수님이 우리를 죄에서 구원하기 위해 십자가에서 죽으시고 3일 만에 부활하셨다'는 사실입니다. 제자들이 전한 복음은 곧 부활의 복음이었습니다.

"부활이요, 생명이신 주님을 믿습니다"

막달라 마리아는 부활하신 주님을 뵙고는 너무 좋아서 붙잡았습니다. 그러자 예수님은 "나를 붙들지 말라 내가 아직 아버지께로 올라가지 아니하였노라"(요 20:17상)라고 말씀하셨습니다. 예수님께는 승천하셔서 또 다른 보혜사이자 예수의 영이신 성령을 보내야 하는 사명이 있었기 때문입니다. 부활을 믿는 자는 예수님의 승천을 믿게 되고, 예수님의 승천을 믿는 자는 예수님의 재림을 믿게 됩니다.

그러고 나서 예수님은 마리아에게 복음의 소식을 전파하는 사명을 주셨습니다. "너는 내 형제들에게 가서 이르되 내가 내 아버지 곧 너희 아버지, 내 하나님 곧 너희 하나님께로 올라간다 하라"(요 20:17하). 말씀에서 알 수 있듯이, 예수님이 죽으시고 부활하심으로 하나님이 '나의 하나님'이 되셨습니다.

예수님은 죽으시고 부활하심으로 우리에게 영원한 생명을 주셨습니다. 얼마나 놀라운 은혜입니까! 어떤 사람이 "전 세계의 모든 재산이 나의 것이라고 한다면, 나의 생명을 하루라도 연장

시켜 줄 수 있는 사람에게 전 재산을 주겠다"고 말했습니다. 생명보다 귀한 것은 이 세상에 없습니다. 그런데 주님은 우리의 삶을 단 하루 연장시켜 주신 것이 아닙니다. 1년, 아니 100년 더 살게 하신 것이 아닙니다. 영원한 생명을 주심으로 영원토록 살게 하셨습니다. 막달라 마리아와 우리는 이 복음을 전하고 나누어야 하는 사명을 받았습니다.

130여 년 전인 1885년, 호레이스 언더우드(Horace Grant Underwood) 선교사와 헨리 아펜젤러(Henry Gerhard Appenzeller) 선교사는 부활절 아침에 복음을 들고 인천항에 상륙했습니다. 어두움 가운데 놓인 이 민족에게 부활의 주님을 증거하기 위해서였습니다.

부활의 주님이 이 땅에 상륙해 우리 민족에게 오셨을 때 우리는 다시 살게 되었습니다. 부활하신 예수님을 만나는 영혼마다 다시 살아나는 역사가 나타났습니다. 교회가 일어났습니다. 교육과 의료와 사회 등 전반적인 영역에 주님의 복음의 열매가 맺혔습니다. 정말 놀라운 축복을 받은 민족이 되었습니다.

부활하신 예수 그리스도를 만나는 영혼마다 새로워집니다. 병든 자가 낫는 정도가 아니라 죽어 있는 자가 살아나는 놀라운 기적입니다. 부활의 능력이 우리 가운데 임하면 전혀 새로운 피조물이 됩니다. "그런즉 누구든지 그리스도 안에 있으면 새로운 피조물이라 이전 것은 지나갔으니 보라 새것이 되었도다"(고후 5:17). 부활하신 예수 그리스도를 만나는 도시마다, 종족마다, 민족과 나라마다 새로운 역사가 나타납니다. 우리의 인생, 가정, 교회, 민족과 나라, 그리고 특별히 북한에 있는 형제자매들이 부활하신 예수 그리스도로 말미암아 새롭게 되기를 간절히 바랍니다.

북한에는 6·25전쟁 전까지 3,040개의 교회가 있었고, 지금은 수많은 성도가 지하교회에서 믿음을 지키고 있습니다. 한국 교회는 북한의 교회를 재건해야 하며, 억압으로 고통당하는 북한 주민과 지하교회에서 기도하며 순교의 피를 흘리고 있는 북한 성도들을 돕고 기도해야 하는 시대적 사명을 가지고 있습니다.

주님을 만나면 변화가 이루어집니다. 바울도 다메섹으로 올라가는 길에 부활하신 주님을 만나고 나서 인생이 완전히 바뀌었습니다. 똑같은 다메섹 도상이 그리스도인들을 핍박하는 길에서 부활하신 주님을 전파하는 길로 바뀌었습니다. 똑같은 가정, 똑같은 직장, 똑같은 삶의 현장입니다. 하지만 부활하신 주님을 만난 인생에게는 각각의 자리가 완전히 다르게 다가옵니다. 부활하신 주님을 위해서 나의 인생을 드리는 삶을 살게 됩니다.

부활하신 주님이 나를 사랑하시고 나와 함께하십니다. 그 주님이 우리에게 물으십니다. "어찌하여 우느냐?" 예수님의 음성에 귀 기울이십시오. "나는 부활이요 생명이니 나를 믿는 자는 죽어도 살겠고 무릇 살아서 나를 믿는 자는 영원히 죽지 아니하리니"(요 11:25-26). 부활하신 주님이 능력이고, 소망이고, 생명이십니다. 그 주님을 붙잡고 전파하면서 주님께 온전히 쓰임 받을 수 있기를 원합니다.

삶에서 드리는 나의 대답 ✍️

_____

_____

_____

_____

_____

_____

_____

_____

_____

_____

_____

_____

_____

_____

_____

2부

사명자를 향한
하나님의
부르심

🏠 부르심

보잘것없는 우리를 부르시는 질문,
"네 손에 있는 것이 무엇이냐?"

아홉 번째 영적 질문은 하
나님이 모세에게 던지신 것으로, "네 손에 있는 것이 무엇이
냐"(출 4:2)입니다. 하나님은 이 질문으로써 모세를 부르셨고, 이스
라엘 백성에게 보내셨습니다. 우리는 여기서 하나님이 우리에게
주시는 3가지 메시지를 알 수 있습니다.

첫 번째 메시지는 하나님이 나를 부르신다는 사실입니다. 하
나님은 내 이름을 아시고, 나의 모든 형편과 여건과 은사를 알고
계십니다. 모세의 120세 인생을 살펴보면 크게 세 부분으로 나
눌 수 있습니다. 처음 40년간은 애굽에서 왕자로 자랐고, 그
다음 40년간은 미디안 광야에서 목자의 삶을 살았습니다. 그 후
하나님의 부르심을 받고 120세가 되기까지는 이스라엘 백성을
출애굽시키는 위대한 지도자로 쓰임 받았습니다.

그렇다면 하나님이 모세에게 "네 손에 있는 것이 무엇이냐?"
는 질문을 던지신 때는 언제입니까? 40년간 애굽에서 훈련을 받
고 왕궁의 부와 귀를 풍족하게 누리던 때가 아닙니다. 하루아침
에 애굽 사람을 죽인 살인자로 전락하고 동족에게 냉대를 받아
미디안 광야로 도망쳐서 모든 꿈과 소망을 광야에 묻어 두고 살

던 그때 하나님이 모세를 만나 주셨습니다. 모세가 하나님을 찾은 것이 아니라 하나님이 모세를 찾아오셨습니다. 이것이 하나님의 은혜입니다. 평상시와 다름없이 장인 이드로의 양을 치는 일상 가운데 하나님이 모세를 만나 주셨습니다. 우리의 평범한 일상의 자리로, 죄와 허물로 죽었던 우리를(엡 2:1) 주님이 찾아오신 것입니다.

우리는 특별한 경우에 하나님을 만날 수 있습니다. 작정 기도를 하거나 금식 기도를 할 때, 특별 집회나 수련회에서 하나님과의 만남이 이루어질 수 있습니다. 하지만 하나님은 우리의 평범한 일상에서도 우리를 부르십니다. 예수님이 제자들을 부르실 때도 마찬가지였습니다. 베드로는 그물을 던지고 있을 때 주님이 부르셨습니다. 마태는 세리로 세관에 앉아 일할 때 불러 주셨습니다.

하나님이 모세를 만나 주신 산의 이름은 '호렙산'입니다. '호렙'의 뜻은 '황폐하다', '사막'입니다. 사막 같은 나의 인생도, 황폐한 나의 가정과 직장, 삶의 현장 등 어디든 내가 서 있는 그곳에 하나님이 임재하시면 거룩한 땅이 됩니다.

또한 하나님은 떨기나무 불꽃 가운데서 모세를 만나 주셨습니다. 그런데 신기하게도, 불붙은 떨기나무가 타서 재가 되지 않았습니다. 여기서 '떨기나무'는 광야에 널려 있는 보잘것없는 가시떨기나무를 의미합니다. 이모저모 쓸데 있는 백향목이나 상수리나무가 아니라 땔감으로나 쓸 법한 부족하기 짝이 없는 나무입니다. 마치 초라한 우리 인생과 같습니다. 하나님이 모세에게 초라한 모세의 삶, 황폐한 이스라엘 백성의 삶을 시각적으로 보여 주며 교훈하신 것입니다. 그러나 보잘것없는 나무라 할지라도 하나님이 임재하시면 하나님께 쓰임 받는 귀한 도구가 됩니다.

성경 곳곳을 살펴보면 '불이 임한다'는 표현이 종종 나옵니다. 이 말은 하나님의 강력한 임재를 뜻합니다. 호렙산에서도 하나님은 불 가운데서 역사하셨습니다. 떨기나무에 붙은 불은 나무를 태우기 위한 불이 아니었습니다. 모세 안에 죽어 가고 있는 사명감을 불태우기 위한 불이었습니다. 모세로 하여금 하나님의 사람으로 거듭나게 하는 불이었습니다. 모세가 본 하나님의 임재는 당시 호렙산에서 끝난 것이 아니라, 지금 우리의 삶 가운데도 여전합니다.

신약시대에 와서 오순절 날 120명의 제자들이 마가의 다락방에서 기도할 때 성령의 불이 임했습니다. 하나님이 강력하게 임재하셔서 성령의 불로 예루살렘을 불태우셨습니다. 성도들의 가슴을 불태우시고, 그들의 죄를 태우셨습니다. 예루살렘을 불태운 복음의 불은 사마리아를 불태우고, 유다를 불태우고, 로마를 불태웠습니다. 그 불을 끌 자는 아무도 없었습니다. 핍박도, 조롱도, 죽음도 끄지 못했습니다. 성령의 불은 순교의 현장에서도 계속해서 타올랐고, 오늘날도 마찬가지입니다.

약 130년 전 하나님은 대한민국 땅에 성령의 불을 내려 주셨습니다. 하나님의 은혜로 1903년 원산, 1907년 평양에 성령의 불이 임했습니다. 성령의 불이 가리는 환경과 여건은 없습니다. 일제치하, 6·25전쟁이라는 폐허 가운데도 성령의 불이 임했습니다. 하나님이 사용하시면 보잘것없는 우리의 인생 가운데도, 이 땅, 이 세대 가운데도 성령의 불이 임합니다. 불이 임하면 선교의 역사, 복음의 역사가 곳곳에서 일어납니다.

뿐만 아니라 성령의 불은 우리의 삶 가운데도 계속해서 임합니다. 잘난 것도 없고 내세울 것도 하나 없는 우리를 하나님이 찾아와 이름을 불러 주셨습니다. 태초부터 나를 택하시고, 사랑하시고, 품어 주시고, 이제까지 인도해 주셨습니다. 모두 하나님의 은혜입니다.

하나님은 우리를
거룩한 예배자로 부르신다

그런데 하나님이 우리를 부르신 데는 하나님의 목적과 이유가 있습니다. 이것이 두 번째 메시지입니다. 하나님은 우리를 예배자로 부르십니다. 하나님이 모세를 부르면서 가장 먼저 요구하신 것은 "네가 선 곳은 거룩한 땅이니 네 발에서 신을 벗으라"(출 3:5)라는 것이었습니다. 모세가 서 있었던 땅이 처음부터 거룩했던 것은 아닙니다. 거룩하신 하나님이 임재하시면 거룩한 땅이 됩니다.

여기서 '신을 벗는다'는 것이 무슨 의미입니까? 당시 노예들은 신을 신지 않았습니다. 따라서 하나님은 모세를 종으로 부르신 것입니다. 신을 벗고 지내면 광야의 돌부리에 차일 수도 있고, 가시에 찔릴 수도 있고, 뱀에 물릴 수도 있습니다. 상처투성이 발이 되고 맙니다. 이처럼 신을 벗는다는 것은 나의 주도권, 경험, 생각, 가치를 다 내려놓으라는 뜻입니다. 나를 버리고 부인하는 것이요, 자신을 거절하는 일입니다. 하나님은 신을 벗어야하는 자리로 우리를 부르십니다.

하나님은 우리에게 "내가 거룩하니 너희도 거룩할지어다"(레 11:45)라고 말씀하셨습니다. 우리가 거룩하신 하나님을 만나는 자리는 바로 예배의 자리입니다. 하나님은 우리를 예배자로 부르십니다. 바울은 로마서 12장 1절에서 "그러므로 형제들아 내가 하나님의 모든 자비하심으로 너희를 권하노니 너희 몸을 하나님이 기뻐하시는 거룩한 산 제물로 드리라 이는 너희가 드릴 영적 예배니라"라고 말했습니다. 하나님이 우리에게 원하시는 것은 영적 예배로서, 우리의 몸을 거룩한 산 제물로 하나님께 드리는 것입니다.

로마서는 크게 둘로 나뉘는데, 전반부인 1-12장은 신학적이고 교리적인 내용을 다루고 있습니다. 인간이 얼마나 죄인인지, 하나님의 사랑이 어떻게 나타났는지, 어떤 방법으로 구원받았는지를 이야기합니다. 후반부인 12장부터 마지막 장인 16장까지는 그리스도인이 성도로서 어떻게 살아가야 하는지, 즉 실천에 대한 부분을 다루고 있습니다. 따라서 신학의 총체적인 결론이 바로 로마서 12장 1절인 것입니다. 하나님의 사랑과 자비와 은혜를 받은 우리는 하나님 앞에 거룩한 산 제물로 예배를 드려야 합니다.

그런데 우리가 어떻게 하나님 앞에 거룩하게 서 있을 수 있습니까? 내 자랑이나 행위, 나의 의로는 결코 불가능합니다. 성경은 사람의 의는 다 더러운 옷 같으며(사 64:6), 의인은 없나니 하나도 없다(롬 3:10)고 이야기합니다. 우리는 오직 예수 그리스도의 십자가 보혈의 능력으로 그분의 이름을 가지고 의롭게 설 수 있습니다.

우리는 하나님께 의롭다 하심을 받아 성도가 되었습니다. 따라서 우리의 삶은 거룩해야 합니다. 하나님이 우리를 부르신 이유는 나의 모든 죄성과 연약함을 모세처럼 신과 함께 벗어 놓고 주님이 원하시는 거룩함을 회복하라는 것입니다.

하나님은 우리를 예배자로 부르십니다. 우리는 어디에 있든지, 무거운 짐을 다 짊어지고 예배의 자리에 나온다 할지라도 주님께 다 내어 맡겨야 합니다. 나의 모든 죄와 허물과 욕심과 자아를 주님 앞에 내려놓아야 합니다. 주님이 나를 위해 십자가에서 베풀어 주신 사랑과 은혜 가운데로 나아가는 것이 예배입니다.

하나님은 우리를
복음 사명자로 부르신다

하나님은 우리를 특별히 불러 주시고, 예배자로 세우십니다. 그리고 우리에게 사명을 주십니다. 이것이 세 번째 메시지입니다. 하나님은 우리를 복음의 사명자로 부르십니다.

왜 하나님이 모세를 찾아와 부르셨습니까? 이스라엘 백성의 고통스런 신음 소리가 하나님의 귓가에 울렸기 때문입니다. 하나님은 귀가 밝으셔서 우리의 신음과 고통스런 울부짖음을 들으십니다. 하나님은 하나님의 사랑하는 자녀들을 애굽에서 구원하고자 하는 놀라운 계획을 가지고 계셨습니다. 그러나 하나님의 주권 가운데 스스로 그 일을 하신 것이 아니라 하나님의 사람 모세를 세우시고 그에게 사명을 주심으로 이루셨습니다. 하나님은 우리 역시 복음의 사명자로 부르십니다.

하나님이 왜 우리를 하나님의 자녀로 삼아 주셨습니까? 왜 우리에게 생명을 주셔서 이 땅에서 살게 하셨습니까? 복음을 전해야 하는 사명 때문입니다. 죽음과 죄와 심판과 저주 가운데 놓인 한 영혼을 구원하고자 하시는 하나님의 놀라운 계획이 있는 것입니다. 하나님은 구원 계획 가운데 우리의 삶을 사용하기 위해 우리를 부르셨습니다.

우리는 모두 복음을 전하는 선교사들입니다. 하나님의 사람으로서 놀라운 리더십을 발휘해 이스라엘 백성을 인도한 모세와 같이 하나님이 주신 생명과 건강, 은사로 복음을 전하는 것이 우리의 사명입니다. "온 천하에 복음을 전하라"라는 하나님의 비전은 그리스도인인 우리에게 선택 사항이 아닙니다. 하나님의 눈물이요 마음이고, 하나님의 열정이며 비전입니다. 이 땅 위에 교회를 세우신 하나님의 소명입니다. 성도들의 사명입니다.

내 손에 있는 것,
하나님이 주신 은사

하나님의 사명 앞에서 모세는 "오 주여 나는 본래 말을 잘하지 못하는 자니이다 주께서 주의 종에게 명령하신 후에도 역시 그러하니 나는 입이 뻣뻣하고 혀가 둔한 자니이다"(출 4:10) 하며 뒤로 뺐습니다. 그러자 하나님은 그에게 "누가 사람의 입을 지었느냐 누가 말 못하는 자나 못 듣는 자나 눈 밝은 자나 맹인이 되게 하였느냐 나 여호와가 아니냐 이제 가라 내가 네 입과 함께 있어서 할 말을 가르치리라"(출 4:11-12) 하셨습니다. 그러면서 앞서 2절에서 모세에게 "네 손에 있는 것이 무엇이냐?"라고 물으면서 확인하셨던 지팡이를 손에 잡고 그것으로 이적을 행하라고 말씀하셨습니다.

하나님은 모세에게 "네 손에 '없는' 것이 무엇이냐?"라고 물어보시지 않았습니다. 반면에 우리는 없는 것에 관심이 많습니다. 내게 없는 지식, 인맥, 지위, 재물, 축복, 성공에 초점을 맞추며 살아갑니다. 하나님은 나에게 없는 것을 요구하시는 분이 결코 아닙니다. 하나님은 하나님이 나에게 주신 것을 원하십니다. 하나님이 모세의 손에서 찾으신 것은 그가 평상시에 들고 다니는 정말 볼품없는 지팡이였습니다. 하나님은 바로 그 지팡이를 사용하기 원하셨습니다.

모세의 손에 들린 지팡이에 어떤 일이 일어났습니까? 앞선 3-4절을 보면, 모세가 하나님의 말씀대로 지팡이를 땅에 던지자 뱀이 되었고, 뱀의 꼬리를 잡자 다시 지팡이가 되었습니다. 그런데 생각해 보십시오. 보통 뱀을 잡을 때는 머리부터 제압해야 물리지 않습니다. 뱀의 꼬리를 잡는 것은 매우 위험한 처사입니다. 광야에서 수많은 뱀을 보았을 모세가 이 점을 몰랐을 리 없습니다. 그러나 모세는 하나님이 자신의 상식이나 경험과 다른 요구를 하셨을 때 순종했습니다. 이처럼 하나님의 말씀을 따르면 하나님의 놀라운 기적을 체험하게 됩니다.

많은 신학자에 따르면, 뱀은 당시 애굽의 왕권을 의미합니다.

따라서 하나님이 모세에게 뱀으로 변한 지팡이를 잡으라고 하신 이유는 애굽의 왕권도 하나님의 손안에 있음을 보여 주고자 하신 것입니다. 하늘과 땅의 모든 권세는 하나님의 소유입니다. 주신 이도 하나님이시요, 거두신 이도 하나님이십니다(욥 1:21). 우리의 생명과 모든 것은 다 하나님께로부터 왔습니다.

하나님이 우리에게도 "네 손에 있는 것이 무엇이냐?"라고 물으십니다. 우리는 다 가진 것이 다르고 처한 여건도 천차만별입니다. 그러나 우리가 무엇을 가지고 하나님께 헌신할 수 있습니까? 어떤 사람은 "하나님, 제 손에는 정말 아무것도 없습니다"라고 아룁니다. 아무것도 없다고 느껴진다면 더욱 열심히 기도하는 일을 하나님께 드리기를 권합니다.

아프리카 선교사 데이비드 리빙스턴(David Livingstone)은 어린 시절 예배 중 헌금 시간에 하나님께 드릴 물질이 없었습니다. 그러자 헌금 바구니에 들어가 자기 인생을 주님 앞에 드렸습니다. 후에 리빙스턴은 이렇게 고백했습니다. "돈은 없지만 하나님께 몸이라도 드리고 싶었다." 우리 가운데 "네 손에 있는 것이 무엇이냐?"는 하나님의 질문에 아무것도 드릴 것이 없는 사람은 아무도 없습니다.

놀랍게도, 이어지는 20절을 보면 이 지팡이는 원래 모세의 지팡이였는데 어느새 '하나님의 지팡이'가 되었다는 사실을 알 수 있습니다. 내가 가진 지식을 하나님이 붙잡아 주시면 하나님의 지식이 됩니다. 내게 있는 물질을 하나님이 붙잡아 주시면 하나님의 물질이 됩니다. 내게 있는 능력을 하나님이 붙잡아 주시면 하나님의 놀라운 역사를 이루는 능력이 됩니다.

내 손에 무엇이 있습니까? 공부를 많이 했습니까? 그 지식을 하나님이 원하십니다. 사업을 합니까? 사업적인 재능과 물질을 하나님이 원하십니다. 의술을 배웠습니까? 그 의술을 하나님이 원하십니다. 우리는 자신이 가진 은사를 하나님의 영광을 위해서 복음의 도구로 드려야 합니다.

30년간 찬양 사역자로 활동해 왔고, 미라클선교회를 세워서 동남아 지역에서 선교 사역을 하고 있는 이광희 선교사님이 있습니다. 이 선교사님 역시 "네 손에 있는 것이 무엇이냐?"는 하나님의 부르심에 응답해 문화와 언어와 풍습과 음식이 전혀 다른 곳을 향해 사명을 가지고 나아갔습니다.

선교사님은 어릴 때 고아로 자라면서 교육도 제대로 못 받고 사람들에게 따돌림당하는 가운데 고독하게 살았습니다. 그런데 주님이 그 방황 가운데 찾아오셔서 "내가 너를 사랑한다. 내가 너를 사용하겠다" 하며 만나 주셨습니다. 세상 모든 것을 잃은 듯했지만 주님을 만나자 다 얻게 되었습니다. 선교사님은 '내가 주님께 무엇을 드릴까?' 고민하던 중 하나님이 주신 찬양하는 은사를 떠올리고는 하나님을 위해서 노래해야겠다고 생각해 찬양 사역자로서의 삶을 살았습니다. 동남아 지역에 교회를 세우고, 전기가 들어오지 않는 교회에는 태양열 발전기를 설치해 주는 등 생명의 빛을 전하는 놀라운 사명을 감당하고 있습니다.

교회의 모든 사역은 혼자 감당할 수 있는 일이 아니라 모든 성도가 함께 하는 사역입니다. 초대교회는 장로와 집사 같은 지도자들을 선별했고 각자의 영적 은사들을 따라 교회를 섬기도록 했습니다. 성도 한 사람, 한 사람이 자신의 은사가 어떻게 쓰여야 할지를 아는 것은 매우 중요합니다.

하나님은 우리 각 사람을 독특하게 지으셨고 각 사람에게 하나님을 섬기는 데 유용한 독특한 은사들을 주셨습니다. 대표적으로 고린도전서 12장, 로마서 12장, 그리고 에베소서 4장에 은사에 관해 잘 드러나 있습니다. 우리는 우리의 시간과 재능과 직업, 물질과 지위와 같은 자원들을 하나님께 드릴 수 있습니다.

하나님이 "네 손에 있는 것이 무엇이냐?" 물으신다면 무엇을 드리겠습니까? 하나님이 주신 은사를 주 앞에 드리십시오. 봉사의 자리, 헌신의 자리, 전도하는 자리로 향하십시오. 하나님은 우리에게 복음을 전하라고 생명을 주셨고 오늘도 살게 하셨습니다.

"내게 있는 모든 것을
주께 드리나이다"

내게 있는 보잘것없는 것이
크게 쓰임 받은 사례가 성경 곳곳에 기록되어 있습니다. 우리가
잘 아는 오병이어의 기적은 어린아이가 바친 보리떡 5개와 물고
기 2마리를 가지고 예수님이 감사 기도를 드리실 때 이루어졌습
니다. 그 자그마한 헌신으로 당시 장정만 5천 명이 배불리 먹고
도 12광주리나 남는 기적이 일어났습니다. 또한 사사기 3장을
보면 삼갈이라는 사사가 나오는데, 소 모는 막대기로 블레셋 군
사 600명을 물리쳐 이스라엘 백성을 구원했습니다. 초라한 막
대기가 하나님 손에 붙잡히자 놀라운 일이 일어난 것입니다.

열왕기상 17장을 보면, 이스라엘에 3년 반 동안 엄청난 기근
이 들었습니다. 그때 하나님은 전 재산이 통에 가루 한 움큼과
병에 기름 조금뿐인 사르밧 과부에게 그것을 가지고 작은 떡을
만들어 엘리야에게 줄 것을 요청하셨습니다. 그런데 여인이 믿
음으로 떡을 만들어 엘리야에게 주자 하나님은 기근 내내 통의
가루가 떨어지지 않고 병의 기름이 없어지지 않는 놀라운 역사
를 보여 주셨습니다.

하나님은 우리의 헌신을 통해 영광 받기를 원하십니다. 내 손
에 무엇이 놓였든, 크든 작든, 강하든 약하든, 귀하든 초라하든
전혀 무의미합니다. 하나님은 세상 모든 만물보다 크신 분이기

때문입니다. 중요한 것은 하나님 손에 붙잡혔느냐입니다. 그 보잘것없는 지팡이가 하나님 손에 붙들리자 나일강을 치니까 물이 피가 되었고, 하늘을 향해서 드니까 우박이 내렸고, 땅의 티끌을 치니까 이로 변했습니다. 그 초라한 지팡이를 하나님이 붙잡으시자 홍해를 향해서 내미니까 바다가 갈라졌고, 반석을 치니까 물이 나왔습니다. 하나님이 우리에게 주신 모든 것은 무엇이든 하나님 손에 붙잡힐 때 이처럼 놀라운 하나님의 역사을 일으키는 도구가 됩니다.

하나님이 내 이름을 부르십니다. 하나님이 나를 사랑하시고, 나를 거룩한 백성으로 삼아 주시고, 특별히 하나님의 거룩한 사명을 이루는 데 쓰임 받게 하셨습니다. 모두 하나님의 은혜입니다. 그 하나님이 "네 손에 있는 것이 무엇이냐?"고 물으십니다. 지금 손에 있는 것이 무엇입니까? 나에게 있는 모든 것을 주께 온전히 드려 귀하게 쓰임 받는 인생이 되기를 바랍니다.

삶에서 드리는 나의 대답 ✍

_____
_____
_____
_____
_____
_____
_____
_____
_____
_____
_____
_____
_____
_____
_____
_____
_____
_____

⌂ 사명의 자리

사명을 깨우치는 질문,
"누가 우리를 위하여 갈꼬?"

하나님은 사람을 찾으시고 부르고 계십니다. 하나님은 아브라함과 모세를 부르셨고 무수한 하나님의 사람들을 부르셨습니다. 니느웨의 죽어 가는 영혼들을 위해서는 요나 선지자를 부르셨습니다. 이 장의 본문인 이사야 6장에서는 이스라엘의 어두운 시기 가운데서 이사야 선지자를 부르셨습니다.

주님은 이 장을 통해 "내가 누구를 보내며 누가 우리를 위하여 갈꼬"(사 6:8)라는 질문을 던지십니다. 하나님은 우리에게 사명을 주십니다. 어떻게 살아야 하는지, 무엇을 위해서 살아야 하는지, 앞으로의 계획은 어떠해야 하는지, 인생의 꿈은 무엇인지를 가르쳐 주십니다.

사명은 하나님을 만날 때 주어집니다. 하나님을 만나지 않는 인생은 방황하기 마련입니다. 어디에서 와서 어디로 가는지 알지 못하기 때문입니다. 그러나 하나님을 알고 만나게 되면 내 인생을 향한 하나님의 꿈과 비전을 발견하게 됩니다.

이사야 선지자는 웃시야왕이 죽던 해에 성전으로 들어왔습니다. 웃시야는 이스라엘 역사상 지대한 영향력을 끼친 인물입니다. 사울이나 다윗, 솔로몬은 40년간 이스라엘을 다스렸는데 그는 16세에 왕이 되어 52년 동안 통치했습니다. 경제가 번성했고, 정치가 안정되었으며, 외교적으로 또 군사적으로 아주 강성한 유다 왕국을 유지했습니다. 처음에는 신앙도 좋았습니다.

그런데 너무 풍요롭다 보니 영성이 바닥에 곤두박질치고 말았습니다. 우리는 잘나갈 때 조심해야 합니다. 교만해진 웃시야왕은 제사 의식을 치르는 동안 제사장들만 할 수 있는 일인 분향을 직접 해 버렸습니다. 예배를 가볍게 생각해 소홀히 다룬 것입니다. 영적인 경외감이 사라지고 영적으로 둔감해진 것입니다. 그러자 하나님이 그를 치셨습니다. 나병에 걸려서 별궁에 거하면서 말년을 아주 비참하게 보냈습니다.

그럼에도 불구하고 웃시야왕이 살아 있는 동안 이스라엘은 안전했고 강성했습니다. 그러나 웃시야왕이 죽은 그해에 북쪽으로는 앗수르가 쳐들어오고, 동쪽으로는 신흥 거대 제국 바벨론이 쳐들어온다는 소식들이 들려왔습니다.

많은 성경학자에 의하면, 이사야 선지자는 웃시야왕과 사촌 관계라고 합니다. 즉 웃시야왕이라는 좋은 배경에서 잘 살고 있었던 이사야가 가문적으로, 개인적으로, 민족적으로 어려운 상황 가운데 성전으로 기도하기 위해 들어갔던 것입니다. 그때 그 성전에서 이사야는 하나님을 보았습니다.

어려움과 위기가 찾아왔을 때, 아픔과 슬픔 가운데 놓였을 때, 기도 제목이 있을 때 성전으로 나아가십시오. 성전에 나와서 기도하며 주님을 만나는 것이 소망입니다. 고난도 우리에게 축복일 수 있습니다. 왜냐하면 하나님을 만나는 기회가 될 수 있기 때문입니다. 기도의 자리를 찾을 때 하나님이 우리의 삶을 붙잡아 주시고 인도해 주십니다.

사명자의 할 일,
예배와 거룩

이사야 선지자가 본즉 주께서 높이 들린 보좌에 앉으셨습니다. 세상의 왕은 죽습니다. 세상의 권력과 아름다움은 한때입니다. 그러나 흔들리지 않는 보좌와 왕권이 있는데, 영원무궁토록 권능으로 다스리시는 우리 주님께 있습니다. 그러므로 모든 문제를 끌어안고 주님 앞에 나아오십시오. 문제가 있을 때마다 예배를 가까이하고, 기도를 쉬지 마십시오. 우리는 하나님의 은혜를 받아야 살 수 있습니다.

하나님은 느헤미야 선지자를 통해서 성벽을 재건하셨습니다. 그리고 느헤미야 8장 이후부터는 학사 에스라를 통해서 하나님의 말씀을 들려주셨습니다. 눈에 보이는 성벽을 재건하는 일보다 중요한 일은 눈에 보이지 않는 영적 기초를 다지는 일입니다. 영적으로 각성해 부흥하는 것입니다.

학사 에스라가 살아 계신 하나님의 말씀을 낭독할 때 이스라엘 백성은 새벽부터 정오까지 일어서서 "아멘, 아멘" 하면서 하나님의 말씀을 받았습니다. 목마른 사슴이 시냇물을 찾아 헤매듯이 주님의 말씀을 갈망하면서, 두 손 들고 화답하면서, 또 엎드려 기도하며 자신의 죄를 고백하면서, 하나님 앞에 부끄러운 이방 신상을 다 제하면서 영적인 각성이 일어났습니다. 이러한 영적 부흥이 일어난 자리가 어디입니까? 하나님을 만나는 자리, 예배하는 자리였습니다. 하나님은 우리의 예배를 받기에 합당하신 분입니다.

이사야 선지자가 보니 스랍들, 즉 천사들이 하나님을 모시고 섰는데, 여섯 날개가 있어서 두 날개로는 얼굴을 가렸고, 두 날개로는 발을 가렸고, 두 날개로는 날면서 하나님을 경외하며 외쳤습니다. "거룩하다 거룩하다 거룩하다 만군의 여호와여 그의 영광이 온 땅에 충만하도다"(사 6:3).

이사야 선지자는 위기 가운데 성전에 들어와서 주님을 보았습니다. 눈에 보이는 것만 본 것이 아니라 살아 계신 주님을 보았던 것입니다. 당시 성전에는 떡상도 있었을 것이고, 금촛대와 휘장도 있었을 텐데 다른 어떤 것이 아니라 오직 주님만 보았습니다.

오늘날 성전에 나와서 예배드리면서 눈에 보이는 사람, 강대상, 모니터만 보고 가는 사람들이 있습니다. 너무나 안타까운 인생입니다. 우리는 주님을 뵈어야 합니다. 예배는 주님을 만나는 자리요, 하나님의 음성을 듣는 시간입니다. 나의 삶을 향한 하나님의 계획을 발견하는 자리입니다. 하나님께 영광을 올려드리는 자리입니다.

우리가 예배드릴 때 놀라운 변화가 있습니다. 거룩하신 하나님 앞에 나의 모든 죄가 드러납니다. 이 시대의 위기는 죄가 드러나지 않는 데 있습니다. 죄를 품고 신앙생활을 하면서도 괜찮다고 말하는 것이 문제입니다. 하나님 앞에 섰을 때 우리의 죄가 낱낱이 드러납니다. 이사야 선지자의 고백을 들어 보십시오. "화로다 나여 망하게 되었도다 나는 입술이 부정한 사람이요 나는 입술이 부정한 백성 중에 거주하면서 만군의 여호와이신 왕을 뵈었음이로다"(사 6:5).

하나님은 죄를 회개하고 고백하는 사람을 내버려두시지 않고 그 죄를 사해 주십니다. 스랍 중의 하나가 부젓가락으로 제단에서 핀 숯을 손에 가지고 날아와서 이사야의 입술에 대었습니다. 그러고는 "보라 이것이 네 입에 닿았으니 네 악이 제하여졌고 네 죄가 사하여졌느니라"(사 6:7)라고 선포했습니다.

여기서 '숯불'은 자갈입니다. 자갈 밑에 불을 피우면 달궈지는데, 그 위에 제물을 올려놓고 태웠습니다. 그러므로 이 자갈에는 양의 피가 묻어 있었습니다. 피 묻은 자갈, 대속의 자갈, 죄 씻음의 자갈이 이사야의 입에 닿은 것입니다. 우리가 어떻게 죄

씻음 받았습니까? 예수 그리스도의 보혈로 말미암아 죄 사함 받았고, 하나님 앞에 당당하게 나아갈 수 있게 되었습니다.

어떻게 죄를 가지고 하나님 앞에 설 수 있겠습니까? 어떻게 하나님의 기쁨이 되겠습니까? 어떻게 하나님의 뜻을 분별할 수 있겠습니까? 불가능합니다. 그러나 나를 위해 피 흘려 돌아가신 주님의 십자가 은혜를 든든히 붙잡을 때 우리의 죄가 주홍 같을지라도 눈과 같이 희어지고, 진홍같이 붉을지라도 양털같이 희게 되어 영원한 생명을 얻게 됩니다(사 1:18). 하나님의 자녀가 되는 것입니다.

오늘,
하나님이 보내신 자리에서

하나님과의 사이에 막힌 담이 허물어져 관계가 회복되자 이제 예전에 들리지 않았던 하나님의 음성이 들리기 시작했습니다. "내가 누구를 보내며 누가 우리를 위하여 갈꼬"(사 6:8상). 여기서 '우리'는 삼위일체 하나님을 의미합니다. 하나님은 사람을 찾으시고 부르십니다. 하나님은 우리를 부르십니다.

그때 이사야 선지자가 대답했습니다. "내가 여기 있나이다 나를 보내소서"(사 6:8하) 이사야 선지자는 어떻게 이처럼 즉각적으

살리는 질문, 사는 대답

로 순종의 대답을 할 수 있었을까요? 그 이유는 죄 사함의 은총을 받았기 때문입니다. 하나님의 은혜를 받으면 자기의 삶을 하나님께 드리게 됩니다. 신앙은 형식이나 습관이 아니고 체험입니다. 물론 체험이 신앙의 전부는 아닙니다. 하지만 살아 계신 하나님과 교제하는데 어떻게 체험이 없을 수 있겠습니까? 하나님의 평안과 치유, 응답이 자연히 뒤따를 수밖에 없습니다. 우리도 하나님의 부르시는 음성이 들릴 때 즉시 깨닫고는 순종의 대답을 드릴 수 있어야 합니다.

성경을 자세히 보면, 웃시야왕이 죽던 때인 이사야 6장에서 이사야가 처음으로 사명을 받은 것은 아니라는 사실을 알 수 있습니다. 그는 이사야 1장부터 사명을 받아서 선지자 활동을 했습니다. 하나님의 부르심 없이 선지자 활동을 한 사람은 없습니다. 그러므로 이 말씀은 우리 개개인에게 '오늘' 주어진 하나님의 사명이 있다는 뜻입니다. 하나님이 주신 과거의 사명에 머물러 있습니까? 과거에 나를 만나 주신 하나님께 머물러 있습니까? 과거의 활약상을 떠올리면서 하나님이 나를 사용하셨다며, 나의 삶을 인도하셨다며 그리워하고 있습니까?

오늘을 살고 있는 나에게 주시는 하나님의 메시지가 있습니다. 우리는 오늘 "내가 누구를 보내며 누가 우리를 위하여 갈꼬?"라는 하나님의 음성에 즉각적으로 "내가 여기 있나이다 나를 보내소서"라고 응답해야 합니다.

그러면 주님의 부르심이 무엇입니까? 우리는 어디를 향해서 나아가야 합니까? 이사야 선지자는 복음의 메시지를 외쳤습니다. 그는 오실 메시아 그리스도를 전파했습니다. 이사야 7장 14절을 보면, "그러므로 주께서 친히 징조를 너희에게 주실 것이라 보라 처녀가 잉태하여 아들을 낳을 것이요 그의 이름을 임마누엘이라 하리라"라는 예언이 기록되어 있습니다. 하나님은 예수님이 탄생하시기 수백 년 전에 이미 이사야 선지자를 통해 '임마누엘', 즉 '하나님이 우리와 함께 계시다'라는 메시지를 전파하셨습니다.

이사야 53장 5절은 "그가 찔림은 우리의 허물 때문이요 그가 상함은 우리의 죄악 때문이라 그가 징계를 받으므로 우리는 평화를 누리고 그가 채찍에 맞으므로 우리는 나음을 받았도다"라고 말합니다. 하나님은 이사야 선지자를 통해 수백 년 후에 일어날 예수 그리스도의 고난을 선포하셨습니다.

또한 이사야 선지자는 이어지는 6절에서는 "우리는 다 양 같아서 그릇 행하여 각기 제 길로 갔거늘 여호와께서는 우리 모두의 죄악을 그에게 담당시키셨도다"라고 말했습니다. '그'가 누구이십니까? 예수 그리스도이십니다. 죄된 인생을 향해 하나님의 사랑이 어떻게 나타났는지, 우리가 어떻게 구원을 받았는지를 외치게 하신 것입니다.

하나님은 예수님을 통해 우리에게도 이 사명을 주셨습니다.

승천하시면서 예수님은 "너희는 온 천하에 다니며 만민에게 복음을 전파하라"(막 16:15)라고 명령하셨습니다. 또한 마태복음 28장 19절에서는 "너희는 가서 모든 민족을 제자로 삼아 아버지와 아들과 성령의 이름으로 세례를 베풀고"라고 말씀하셨습니다. 그리고 바울은 디모데후서 4장 2절에서 "너는 말씀을 전파하라 때를 얻든지 못 얻든지 항상 힘쓰라"라고 말했습니다. 이사야에게 "내가 누구를 보내며 누가 우리를 위하여 갈꼬?"라고 하신 하나님의 질문과 동일합니다. 죽어 가는 수많은 영혼을 향해 우리를 보내신 것입니다.

성경을 통해 하나님은 선교하시는 하나님(Missio Dei)이시라는 사실을 깨닫게 됩니다. '선교하시는 하나님'이라는 표현은 성부 하나님, 성자 예수님, 그리고 성령 하나님의 통합적인 역사하심을 나타내는 표현입니다. 바로 이 역사하심에 인간의 동참을 초청하시는 신적 역사가 포함되어 있습니다.

대표적으로 요한복음 20장 21절에서 예수님은 "아버지께서 나를 보내신 것같이 나도 너희를 보내노라"라고 말씀하셨습니다. 하나님은 우리를 구원하기 위해 예수님을 이 땅에 보내셨고 예수님은 그분의 제자들을 세상에 보내셨습니다. 다르게 표현한다면 성부 하나님이 성령 안에서 예수 그리스도를 보내신 것은 그리스도께서 우리를 복음을 전하도록 파송하신 것의 기초가 됩니다. 그리고 그 보내심의 목적이 바로 선교입니다. 하나님은 선교하시는 하나님이시고, 하나님의 백성은 선교하는 백성입니다.

하나님은 사실 하나님의 선교를 이루기 위해 인간의 도움을 필요로 하시지 않지만 위험성이 있을 수 있는 인간의 협력을 선택하셨다고 할 수 있습니다. 이 놀라운 사실이 제자들을 동역자로 부르시고 지상 명령을 하신 부분에도 드러나 있습니다 (마 28:18-20). 특별히 '선교하시는 하나님'이라는 표현에서 놓치지 말아야 할 것은 우리가 감당하는 선교라는 것이 나의 선교가 아니라 하나님의 선교라는 것입니다.

어머니가 아이에게 심부름을 시킵니다. 아이는 어머니가 시키는 대로 두부를 사 오라고 하면 두부를 사 와야 하고, 과일을 사 오라고 하면 과일을 사 와야 합니다. 엉뚱한 물건을 사 오고 돈을 허튼 데 사용하면 어머니가 심부름 잘 다녀왔냐고 물어보실 때 아이가 무슨 면목으로 대답하겠습니까.

하나님은 우리에게 생명을 주어 이 땅에 보내셨습니다. 우리는 하나님의 뜻을 분별해서 그 사명대로 살아야지 내 뜻대로 살아서는 안 됩니다. 내 계획대로, 내 마음대로 살면 하나님 앞에 섰을 때 무슨 면목으로 대답하겠습니까. 하나님이 우리에게 주신 복음을 전파하는 소명에 우리의 인생을 드릴 수 있기를 바랍니다.

"내가 여기 있나이다

나를 보내소서"

130여 년 전, 부활절 아침에
우리나라에 복음을 들고 온 언더우드 선교사님은 2년 전인
1883년에 미국 코네티컷주에서 열린 신학교 연합 캠퍼스 부흥
집회 때 앨버트 선교사님의 메시지를 통해서 원래 선교를 준비
하고 있었던 땅인 인도가 아니라 조선 땅에서 선교하기로 헌신
을 결심했습니다. 언더우드 선교사님은 그 자리에서, 조선의 문
이 열리고 있는데 하나님이 누군가 조선 땅을 향해서 부르고 계
신다는 이야기를 들었습니다. 그런데 많은 사람이 "아멘, 아멘"
하는데 자신이 가겠다고 헌신하는 사람이 없었습니다.

그때 언더우드 선교사님은 '하나님을 위해 다 헌신하겠다는
데 왜 조선에는 가지 않으려고 할까? 가난과 질병과 많은 문제
가 있다는 땅, 닫혀 있던 그 땅의 문을 하나님이 여셨는데 왜 아
무도 가지 않을까?'라고 생각했습니다. 그리고 그 순간, 성령이
거부할 수 없는 강한 음성을 주셨습니다. "그렇다면 너는 왜 조
선으로 못 가느냐?"

주님의 질문에 언더우드 선교사님은 "주님, 내가 여기 있습니
다. 나를 보내소서" 하고 바로 응답했습니다. 그리고 2년 후에
아펜젤러 선교사님과 같이 복음을 들고 이 땅을 밟았습니다. 주
님의 부르심에 순종하고 헌신하는 자들을 통해 복음의 열매가

맺힙니다.

언더우드 선교사님에 앞서 우리나라에 들어온 선교사님 중에 대동강변에서 순교당한 토마스 선교사님도 있습니다. 1866년에 이 땅에 들어오기 전에는 중국에서 선교하고 있었습니다. 그런데 26세의 나이에 아내가 열병으로 선교지에서 죽자 심각한 고민에 빠졌습니다. '선교지에 남아야 하는가, 아니면 고국인 영국으로 돌아가야 하는가?' 그때 하나님의 메시지를 받았습니다. "조선에 복음을 듣지 못하고 죽어 가는 수많은 영혼이 있다." 토마스 선교사님은 그 메시지에 "아멘"으로 순종했고, 뉴제너럴셔먼호를 타고 이 땅에 들어왔습니다.

그런데 그때 평양 감리사였던 박규수를 비롯한 사람들이 나와서 토마스 선교사님이 탄 배를 불태웠습니다. 당시 그 사고로 많은 사람이 바다에 빠져서 익사했습니다. 토마스 선교사님도 생사의 기로에서 한자로 된 성경을 들고 바다에 뛰어들었습니다. 비록 건집 받았지만, 박춘권이라는 사람에 의해서 목 베임을 당해 순교했습니다.

그러나 놀랍게도, 토마스 선교사님의 헛된 것 같은 죽음을 통해 하나님이 놀라운 열매를 맺으셨습니다. 토마스 선교사님의 목을 벤 박춘권까지도 예수님을 믿고 영접했고, 당시 토마스 선교사님의 성경책을 받아들었던 12세 최치량이라는 사람이 나중에 예수님을 영접했습니다. 성경책을 들고 간 최치량이 나중에 여관 사업을 했는데 그 성경책을 여관 벽지로 쓰면서 하나님과의 만남이 이루어졌습니다. 그 여관이 나중에 널다리골교회가 되었습니다. 그리고 나중에 이름을 바꾸어 유명한 장대현교회가 되었습니다. 토마스 선교사님의 순교적인 헌신과 응답을 통해 시작된 놀라운 역사가 장대현교회로 연결되었고, 1907년 평양 대부흥운동의 불씨가 되었습니다.

우리 주위를 돌아보면 절망 가운데 눈물을 흘리며 죽어 가는 수많은 영혼이 있습니다. 오늘날에도 하나님은 우리에게 "내가 누구를 보내며 누가 우리를 위하여 갈꼬?"라고 물으십니다. 예수님도 "너희 눈을 들어 밭을 보라 희어져 추수하게 되었도다"(요 4:35), "추수할 것은 많되 일꾼이 적으니 그러므로 추수하는 주인에게 청하여 추수할 일꾼들을 보내 주소서 하라"(마 9:37-38)고 말씀하셨습니다.

가족과 친구, 그리고 이웃에게 복음을 전하는 일은 하나님이 매우 기뻐하시는 일로서 하나님의 간절한 외침에 응답하는 것입니다. 하나님의 은혜를 경험한 하나님의 백성, 죄 사함의 은총을 받은 우리 모두가 "내가 누구를 보내며 누가 우리를 위하여 갈꼬?"라는 주님의 물음 앞에 "주님, 내가 여기 있습니다. 나를 보내소서" 하고 결단하고 주의 복음을 능력 있게 전할 수 있기를 바랍니다. 하나님은 하나님의 애타게 부르시는 외침을 듣고 도전받아 응답하는 자들을 통해 놀라운 복음의 열매를 맺으

십니다. 하나님이 나를 부르십니다. 하나님은 나를 통해 일하기
원하십니다.

삶에서 드리는 나의 대답 ✍

변화

거룩한 영이 내 안에 계시냐는 질문,
"성령을 받았느냐?"

성령은 살아 계십니다. 성령
은 존재하시며, 지금도 역사하십니다. 성령은 능력이시고, 치유
이시고, 회복이시고, 생명이시고, 우리의 길을 밝히 인도하는
인도자가 되십니다.

그런데 성령에 대해서 오해하는 사람이 많습니다. 성령을 어
떤 비인격적인 물건이나 에너지처럼 다루는 이들이 있는데, 전
혀 그렇지 않습니다. 성령은 인격이시며, 무엇보다 삼위일체 하
나님이십니다.

성령은 창조의 영이십니다. 삼위일체 하나님은 천지를 창조
하시고 우리를 만드셨습니다. 땅이 혼돈하고 흑암이 깊음 위에
있을 때 성령은 수면 위에 운행하셨습니다(창 1:2).

흔히 성령을 생각하거나 성령 충만한 사람을 떠올리면 다소
질서가 흐트러지고, 규모가 없고, 절제력을 잃어버린 잘못된 모
습을 상상하기 쉽습니다. 그렇지 않습니다. 성령은 질서를 잡아
주시는 분입니다. 천지창조의 역사가 하나님의 청사진 가운데
서 얼마나 질서정연하게 이루어졌습니까? 뿐만 아니라 혼돈한
인생 가운데 성령이 임하시면 하나님이 기준을 잡아 주시고, 하

나님이 가장 기뻐하시는 삶을 살게 됩니다.

특별히 성령은 거룩한 영이십니다. 성령이 임하실 때 우리의 죄가 드러납니다. 누군가 회개를 강요하고 죗값을 청산하라고 이야기해서가 아닙니다. 거룩하신 성령이 임하시면 마치 어두움 가운데 빛이 임하면 어두움이 사라지듯 우리의 죄 된 것들이 다 드러나면서 회개에 이르는 것입니다. 성령으로 말미암아 정결하고 성결하게 됩니다.

성령은 진리의 영이십니다. 예수님도 "내가 아버지께로부터 너희에게 보낼 보혜사 곧 아버지께로부터 나오시는 진리의 성령이 오실 때에 그가 나를 증언하실 것이요"(요 15:26)라고 말씀하셨습니다. 또한 "진리의 성령이 오시면 그가 너희를 모든 진리 가운데로 인도하시리니"(요 16:13)라고 하셨습니다. 성령은 진리 되신 하나님의 말씀을 비추어 주십니다.

성령은 성령 자신을 증거하시는 분이 아니라 예수 그리스도를 증거하시는 분입니다. 하나님의 말씀을 깨닫게 하시는 분입니다. 같은 성경 말씀을 보아도 인간적인 눈으로 보는 사람이 있고, 성령의 조명하심을 따라서 진리를 깨달으면서 보는 사람이 있습니다. 성령은 우리를 진리 가운데로 인도하십니다.

성령은 우리를 구원하시는 예수 그리스도를 주라 고백하게 하십니다. 성령으로 말미암아 놀라운 은혜와 은사, 초자연적인 기적이 나타납니다. 특별히 성령은 갈라디아서 5장에서 알 수 있듯이 아름다운 인격의 열매를 맺게 하십니다. 사랑, 희락, 화평, 오래 참음, 자비, 양선, 충성, 온유, 절제의 열매입니다. 이러한 열매들은 신앙생활을 하면서 성령을 받지 않으면 맺을 수가 없습니다. 그러나 성령이 임하시면 인격이 다듬어져 사랑하게 되고, 용서하게 되고, 선을 행하게 되고, 충성하게 되고, 절제하게 됩니다.

성령은
언제, 어떻게 임하셨는가?

성령은 약 2천 년 전 오순절 날 예루살렘에서 성령을 기다리며 간구한 120여 명의 예수님의 제자들에게 임하셨습니다. 성령이 어떻게 임하셨습니까? 홀연히 하늘로부터 임하셨습니다. 이 땅에서 나온 것이 아닙니다. 우리는 이 땅에 두 발을 딛고 살지만 땅을 추구하거나 땅에 소망을 두고 살아선 안 됩니다.

사도행전 2장 2-4절은 "홀연히 하늘로부터 급하고 강한 바람 같은 소리가 있어 그들이 앉은 온 집에 가득하며 마치 불의 혀처럼 갈라지는 것들이 그들에게 보여 각 사람 위에 하나씩 임하여 있더니 그들이 다 성령의 충만함을 받고 성령이 말하게 하심을 따라 다른 언어들로 말하기를 시작하니라"라고 당시 상황을 전해 줍니다. 바람같이, 불같이 임한 성령의 역사였습니다.

어느 날 바리새인이면서 유대인인 관원, 니고데모라는 사람이 밤에 예수님을 찾아왔습니다. 니고데모가 밤에 찾아올 수밖에 없었던 이유가 있습니다. 니고데모는 사회적 지위가 높았습니다. 가진 것이 많으니까 잃을 것도 많았을 것입니다. 체면을 생각해서 아무도 보지 않는 밤에 예수님을 찾아온 니고데모에게 예수님은 분명히 말씀하셨습니다. "사람이 거듭나지 아니하면 하나님의 나라를 볼 수 없느니라"(요 3:3). 거듭나야 하나님 나라를 보리라는 의미입니다.

그러자 니고데모는 "사람이 늙으면 어떻게 날 수 있사옵나이까 두 번째 모태에 들어갔다가 날 수 있사옵나이까"(요 3:4)라고 물었고, 예수님은 다시 "사람이 물과 성령으로 나지 아니하면 하나님의 나라에 들어갈 수 없느니라"(요 3:5)라고 말씀해 주셨습니다.

이어지는 7-8절에서 예수님은 "내가 네게 거듭나야 하겠다 하는 말을 놀랍게 여기지 말라 바람이 임의로 불매 네가 그 소리는 들어도 어디서 와서 어디로 가는지 알지 못하나니 성령으로 난 사람도 다 그러하니라"라고 말씀하셨습니다. 당시 사람들은 바람이 불어오는 방향과 바람이 향하는 방향을 알지 못했습니다. 그들에게는 정말 신비로운 일이었습니다. 그러나 분명한 사실은 바람이 존재한다는 것입니다. 바람은 눈으로 볼 수는 없지만 바람에 흔들리는 나뭇가지나 물결을 보면서 바람이 존재한다는 사실을 깨달을 수 있습니다. 성령으로 난 사람도 이와 같아서 정말 신비로운 체험이 있습니다. 분명한 것은 성령이 존재하신다는 것입니다.

성령은 어떤 사람에게는 바람같이, 어떤 사람에게는 불과 같이 임하시고, 예수님이 세례를 받고 올라오실 때는 비둘기같이 임하셨습니다(막 1:10). 어떤 사람은 성령을 받아 찬양의 사람이 되어 길을 가다가도, 운전을 하다가도 찬양이 나옵니다. 또 어떤 사람은 성령을 받아서 용서의 사람이 되어 세상이 이해할 수 없는 사랑의 마음을 갖게 됩니다. 어떤 사람은 성령을 받아 기도의 사람이 되어 기도가 깊어집니다. 어떤 사람은 성령을 받아 하나님과 교통하게 되어 하나님의 말씀을 연구하게 됩니다.

이처럼 우리는 다 성령 충만을 받아서 하나 됨을 이루어 갑니다. 당을 짓고, 나누고, 비판하고, 비난하는 것이 아니라 복음 안에서 성령으로 하나 되어 하나님을 위해서 힘써야 합니다. 성령의 체험은 다 다를 수 있습니다. 우리는 모두 경험도, 여건도, 환경도 다릅니다. 하지만 중요한 것은 성령을 모두 받았다는 사실입니다.

성령 충만하면
어떤 일이 생기는가?

성령으로 충만해지면 복음을 전하게 됩니다. 나를 위해서 사는 것이 아니라 복음을 위해서 살게 됩니다. "그 후에 내가 내 영을 만민에게 부어 주리니 너희 자녀들이 장래 일을 말할 것이며 너희 늙은이는 꿈을 꾸며 너희 젊은이는 이상을 볼 것이며"(욜 2:28). 성령으로 충만하면 세상 나라가 아니라 하나님의 나라를 보게 된다는 의미입니다.

이것이 사도행전에서 일어난 역사입니다. 성령을 받은 제자들은 복음을 전하는 삶을 살게 되었습니다. 한 번 사는 인생, 단 한 번뿐인 믿음의 경주를 하나님의 영광을 위해서 달린 것입니다. 먼저 나의 유익을 구하는 것이 아니라 하나님의 나라와 그의 의를 구한 것입니다(마 6:33). 그중에 한 사람이 바울이었습니다. 바울이 성령을 받고 예수 그리스도의 복음 앞에 꺼꾸러진 이후인 사도행전 13장을 보면, 안디옥교회는 금식하며 기도하는 중에 성령의 말씀을 따라 바울과 바나바를 선교사로 파송했습니다(행 13:1-3).

성령의 역사는 예루살렘이라는 지역에 국한되지 않습니다. 약 2천 년 전에 오순절 날 임한 성령의 역사가 마지막이 아닙니다. 성령은 역사 가운데, 지금도 끊임없이 역사하고 계십니다.

에베소에서도 성령의 역사가 있었습니다. 바울은 파송받아서

살리는 질문, 사는 대답

세 차례에 걸쳐서 선교 여행을 했습니다. 그리고 3차 선교 여행 때 갈라디아 지역, 브루기아 지역을 거쳐서 소아시아 지역의 항구 도시인 에베소에 도착했습니다. 본문은 '에베소의 오순절 사건'이라고 불리는데, 그곳에 또 한 번 성령이 임하셨습니다.

성령이 임하신 모습은 다 다릅니다. 예루살렘에서는 성령이 임하시자 3천 명이 하나님께로 돌아왔습니다. 그러나 에베소에서는 12명이 성령을 체험했습니다. 인원수가 중요한 것이 아니라 성령이 임하셨다는 사실이 중요합니다. 그러자 그들이 도시를 변화시키기 시작했습니다.

에베소는 항구 도시이기 때문에 교통과 무역이 발달했고, 경제적인 중심지였습니다. 부유한 도시였으며, 사람도 많이 살았습니다. 로마나 당시 알렉산드리아나 안디옥 다음으로 인구수가 많았다고 합니다. 그런데 영적으로는 너무 어두웠습니다. 이방 신상을 세워 놓았고, 미신이 창궐했습니다. 한 예로 당시 에베소 부적을 알아주었다고 합니다.

오늘날 세계 7대 불가사의 중에 하나가 에베소의 아데미 신전 터입니다. 당시 사람들은 풍요의 신인 아데미를 숭배하며 신상에 절을 했습니다. 신전의 규모가 얼마나 큰지 큰 대리석 기둥이 127개나 세워져 있었다고 합니다. 그 제단에는 5만 명 이상이 모일 수 있는 큰 장소가 있었다고 합니다. 수천 명의 남녀 사제들이 그 신전에서 일했는데 그들의 의식 중에는 음란한 의식이 있었습니다. 이처럼 도덕적으로 타락하고 우상을 숭배하는 땅, 그 제단 가운데 성령의 역사가 나타난 것입니다. 성령이 바울을 보내시자 바울이 복음을 들고 나갔고, 영적 불모지에 있었던 제자 12명을 만났습니다.

그러나 바울이 만난 제자들의 신앙생활에는 문제가 있었습니다. 예수님을 믿기는 믿는 것 같은데 성령의 역사가 보이지 않았습니다. 그래서 바울은 그들에게 질문을 던졌습니다. "너희가 믿을 때에 성령을 받았느냐"(행 19:2상). 여기서 '너희가 믿을 때에'라는 말이 중요합니다. 성령은 아무나, 아무 때나 받을 수 있는 것이 아니라 예수 그리스도를 믿을 때 받습니다.

그러자 그들은 "우리는 성령이 계심도 듣지 못하였노라"(행 19:2하)라고 답했습니다. 그들은 예수님을 진정으로 믿는 것이 아니었습니다. 바울이 또다시 "그러면 너희가 무슨 세례를 받았느냐?"라고 묻자 그들은 "요한의 세례니라"라고 답했습니다. 이어지는 4절에서는 바울이 예수 그리스도의 복음을 풀어서 설명해 주었습니다.

세례 요한은 회개의 세례를 베풀며 백성에게 "내 뒤에 오시는 이를 믿으라"고 했는데 그가 바로 예수님이셨습니다. 세례 요한이 "그는 흥하여야 하겠고 나는 쇠하여야 하리라"(요 3:30), "나는 그의 신발 끈을 풀기도 감당하지 못하겠노라"(요 1:27)고 외쳤던 분은 예수 그리스도셨습니다. 제자들은 사람들이 그토록 기다렸던 메시지인 "구세주가 예수 그리스도이시다"라는 사실을 접하고는 예수님을 믿고 세례를 받았습니다. 바울이 안수할 때 성령이 임하셨습니다.

이처럼 성령의 역사는 또 다른 성령의 역사를 낳습니다. 내가 성령을 받으면 가정에도 성령의 역사가 나타납니다. 우리가 성령 충만을 받으면 어두운 이 땅에도 하나님의 역사가 시작됩니다.

성령의 은사보다 중요한 것은
성령을 내 마음에 모시는 것

성경을 보면, 성령이 임하시자 사람들이 방언도 하고 예언도 했습니다. 즉 여러 은사들이 나타났습니다. 이러한 모습은 성령이 가시적으로 임하셨다는 것을 알려 줍니다. 오늘날에도 성령의 은사들이 있습니다. 은사는 하나님이 주신 아름다운 선물입니다. 그러나 주의해야 할 점은 성령이 임하심으로 나타나는 현상인 방언, 예언, 초자연적이고 신비로운 역사만 추구하다 보면 신앙이 잘못될 수 있다는 것입니다. 예수님이 경계하신 표적 신앙, 기적 신앙입니다.

중요한 것은 성령을 내 마음에 모시는 것입니다. 성령이 중요합니다. 표적이나 은사만을 구하다 보면, 그 표적이나 은사가 사라지면 언제든지 신앙을 멀리하게 되는 위험성이 있습니다.

뜨거운 성령 체험도 중요하고, 신비로운 현상도 중요합니다. 하나님이 주시면 다 귀한 것입니다. 그러나 우리는 내 안에 성령이 계시는가, 내가 성령과 동행하고 있는가를 가장 먼저 점검해 보아야 합니다.

사실 우리는 성령으로 말미암아 예수님을 믿습니다. 내가 예수님을 믿는다는 것 자체가 내 안에 성령이 계시다는 증거입니다. 사도 바울은 고린도전서 12장 3절에서 "성령으로 아니하고는 누구든지 예수를 주시라 할 수 없느니라"라고 말했습니다. 로마서 8장 9절도 "만일 너희 속에 하나님의 영이 거하시면 너희가 육신에 있지 아니하고 영에 있나니 누구든지 그리스도의 영이 없으면 그리스도의 사람이 아니라"라고 말합니다.

그러나 예수님을 믿는데, 무엇인가 빠진 듯한 신앙생활을 하는 사람들이 많습니다. 예배를 드리고, 말씀도 듣고, 찬양도 부릅니다. 신앙 연륜도 늘어 갑니다. 입술에 종교적 언어가 있습니다. 그러나 내 마음이 성령의 전이라는 사실, 성령이 내 안에 함께하고 계시다는 사실을 잊어버리고 신앙생활을 하는 사람이 정말 많습니다. 이것은 마치 통장에 쓸 돈이 입금되었는데 알지 못해서 사용하지도 못하는 인생과 같습니다.

성령이 우리와 함께하신다는 사실을 잊어서는 안 됩니다. 드러나는 표적이나 기적, 은사를 좇는 것이 아니라 성령의 내주하심을 깨닫고 그분께 내 삶의 주권을 내어놓는 것이 중요합니다.

살리는 질문, 사는 대답

성령을 받고 성령과 동행하는 인생은 삶의 태도와 의미, 목표가 달라지게 되어 있습니다. 누가 가르쳐 주거나 강요해서가 아니라 하나님의 목표와 비전, 복음을 위해서 자신의 인생을 드리고자 하는 결단이 저절로 이루어집니다. 성령이 역사하시면 변화의 역사가 일어납니다.

결혼하기 전에는 자기 마음대로 살 수 있습니다. 그런데 부부가 되면 서로 마음을 맞추어 가야 합니다. 만약 배우자가 원하지 않으면 나의 고집과 생각을 내려놓을 수도 있어야 합니다. 배우자의 말을 무시하면 위기가 닥칩니다. 하물며 성령이시겠습니까. 성령은 내 삶의 주관자가 되시고, 내 인생의 왕이시요, 인도자가 되십니다. 성령은 우리를 진리 가운데로 인도하십니다. 성령을 무시해선 안 됩니다.

"성령이여,
내 삶을 다스려 주옵소서"

성령이 임하시면 다양한 특징이 나타나는데 그중에서 가장 확실한 증거는 복음을 전하게 된다는 것입니다.

한 예로 세계에서 선교사를 가장 많이 배출한 대학은 윌리엄스대학입니다. 1805년 사무엘 밀즈(Samuel J. Mills)를 비롯해서 5명의 학생들이 건초더미 안에 들어가서 기도회를 하던 중 선교에 헌신했습니다. 이 일로 학생해외선교자원운동(Student Volunteer Movement for Foreign Mission, SVM)이 시작되었는데, 130여 년 전 우리나라에 들어온 언더우드 선교사를 비롯한 수많은 선교사가 바로 이 운동의 영향을 받아 선교에 자원하고 헌신했습니다. 이 일은 인간의 힘으로 된 것이 아니라 성령이 불어온 것입니다. 내가 갈 길을 멈추고 성령이 원하시는 길을 가기로 헌신할 때 놀라운 일이 일어나는 것입니다.

사도행전 1장 8절에서 예수님은 "오직 성령이 너희에게 임하시면 너희가 권능을 받고 예루살렘과 온 유대와 사마리아와 땅끝까지 이르러 내 증인이 되리라"고 말씀하셨습니다. 여기서 '내 증인이 되리라'라는 표현에 주목해야 합니다. '되어라'가 아니라 '되리라'입니다. 성령이 임하시면 권능을 받는데, 그 권능은 복음을 전하는 권능입니다. 성령이 임하시면 내 모든 죄를 자복하고, 예수 그리스도의 복음을 전하는 일에 내 삶을 헌신하게 됩니다.

우리나라에 성령이 오시자 1903년에 원산에서 시작된 부흥의 물결이 1907년에 평양 대부흥운동을 일으켰습니다. 성령이 한 선교사의 회개를 통해서 일하셨습니다. '한국의 소돔'이라고 불렸던 땅이 '동방의 예루살렘'으로 바뀌었습니다. 성령이 바람같이, 불같이 불어와 한민족을 덮은 것입니다. 그 역사는 지금도 여전해 아시아와 아프리카와 남미와 세계 곳곳에서 성령의 바람이 불고 있습니다. 나의 인생도 예외는 아닙니다.

우리는 성령 충만한 은혜를 달라고 기도해야 합니다. 내 삶을 내가 원하는 대로 사는 것이 아니라 하나님이 원하시는 삶을 살게 해 달라고 간구하십시오. 나를 향한 성령의 계획, 성령의 인도하심이 있습니다. 성령이 없으면 헛된 세상이 흘러가는 대로 나의 인생을 맡길 수밖에 없습니다. 그러나 성령이 오시면 하나님 나라를 꿈꾸게 됩니다. 갇혀 있고, 절망하고, 자유가 없는 인생 가운데 성령이 임하시면 자유를 얻고 주의 영광을 위해 아름다운 꿈을 꾸게 됩니다.

우리 가운데 성령이 충만히 임하셔서 모두가 하나님 나라를 꿈꾸는 축복된 인생이 되기를 바랍니다. "하나님, 제 인생을 사용하옵소서. 살아 계셔서 어제도 역사하셨지만 오늘도 역사하시는 성령이시여, 나의 삶을 다스려 주옵소서." 이렇게 고백하며 복음을 위해 아름답게 쓰임 받기를 기도합니다.

삶에서 드리는 나의 대답 ✍

_____

_____

_____

🏠 결단

결단을 촉구하는 질문,
"어느 때까지 머뭇하려느냐?"

　　　　　　　　　　　　　살아 계신 하나님 앞에 우리
의 삶을 올려 드릴 때 하나님이 기적 같은 놀라운 은혜로 응답
해 주십니다. 하나님은 우리의 예배를 받으시는 분이며, 지금도
말씀하시는 분입니다. 그 하나님은 사명자인 우리에게 "어느 때
까지 머뭇하려느냐?"라는 열두 번째 영적 질문을 던지심으로써
영적 도전을 하십니다.

　이 질문에서 알 수 있듯이, 그동안 하나님은 인내하고 기다리
셨습니다. 그러나 이제는 하나님의 사람 엘리야를 세워서 이스
라엘 백성에게 머뭇머뭇하지 말고 하나님 한 분만을 섬기라고
말씀하십니다. 그들이 하나님만 의지하기를 원하신 것입니다.

　엘리야는 이스라엘 역사상 영적으로 매우 어둡고 혼란한 시
기에 활동했던 선지자입니다. BC 9세기경에 북 이스라엘의 7대
왕인 아합왕 시절에 활동했습니다. 아합왕은 이스라엘의 왕이
었음에도 불구하고 하나님의 계명을 어기고 하나님이 원하시지
않는 일들을 선택해 민족 전체를 영적인 어려움에 빠뜨렸습니
다. 그 일은 우상 신을 섬기는 사람과는 결혼하지 말라는 하나
님의 말씀을 어기고 당시에 시돈 왕이었던 엣바알의 딸 이세벨

과 결혼한 것입니다. 이세벨을 통해 남성 신인 바알 신과 여성 신인 아세라 신이 이스라엘에 들어왔습니다. 이 신들을 섬기는 사람들은 음란한 제사를 드리는 것은 물론, 매우 폭력적이어서 심지어 사람을 산 채로 죽여 피를 흘리기까지 했습니다.

지도자는 매우 중요합니다. 아합왕 한 사람이 하나님의 뜻 가운데 서지 못하자 그 백성이 고통을 받았습니다. 우리는 지도자들이 말씀의 법도에서 벗어나지 않도록, 하나님이 그들을 통해 이 땅에 하나님의 사랑과 정의와 뜻을 이루실 수 있도록 그들을 위해서 기도해야 합니다. 그리고 하나님을 경외하는 지도자를 계속해서 이 민족 가운데 세워 달라고 중보해야 합니다.

디모데전서 2장을 보면, 바울이 영적인 아들 디모데에게 권면하는 내용이 기록되어 있습니다. "모든 사람을 위하여 간구와 기도와 도고와 감사를 하되 임금들과 높은 지위에 있는 모든 사람을 위하여 하라 이는 우리가 모든 경건과 단정함으로 고요하고 평안한 생활을 하려 함이라"(딤전 2:1-2). 지도자가 하나님을 경외하며 바로 서 있을 때 그 한 사람으로 말미암아 백성이 경건해지고, 단정해지고, 고요하고, 평안한 생활을 할 수 있습니다. 우리도 하나님이 나를 지도자로 세우신 자리에서 리더십을 잘 발휘할 수 있도록 기도해야 합니다.

당시 이스라엘 백성은 자신들이 하나님도 섬기지만 바알도 섬길 수 있을 것이라고 생각했습니다. 그러나 하나님은 우상과 하나님, 둘 중에서 하나님만을 선택하라고 도전하셨습니다.

그리스도인의 삶은 선택의 연속입니다. 우리는 신앙적인 선택을 해야 합니다. 여호수아도 가나안 땅 입성을 앞둔 이들에게 다음과 같이 선택을 도전했습니다. "너희가 섬길 자를 오늘 택하라 오직 나와 내 집은 여호와를 섬기겠노라"(수 24:15). 예수님도 마태복음 6장 24절에서 "한 사람이 두 주인을 섬기지 못할 것이니 혹 이를 미워하고 저를 사랑하거나 혹 이를 중히 여기고 저를 경히 여김이라 너희가 하나님과 재물을 겸하여 섬기지 못하느니라"라고 말씀하셨습니다.

아마도 아합왕은 왕비가 하는 일이기에 다 묵인했던 것 같습니다. 하지만 "하나님을 섬기지만 바알을 섬겨도 된다"고 했던 이세벨은 나중에 우상만을 섬기라며 하나님을 섬기는 선지자들을 죽이기 시작했습니다. 예수님은 사탄의 역할은 도둑질하고 죽이고 멸망시키려는 것뿐이라고 말씀하셨습니다(요 10:10).

그러자 하나님의 사람들이 다 산으로 흩어졌고 굴에 숨었습니다. 오죽하면 엘리야는 이세벨을 피해 도망하다가 이렇게 고백하기까지 했습니다. "이스라엘 자손이 주의 언약을 버리고 주의 제단을 헐며 칼로 주의 선지자들을 죽였음이오며 오직 나만 남았거늘"(왕상 19:10).

이처럼 이스라엘이 영적인 암흑기에 처해 있을 때 하나님이 하나님의 사람 엘리야를 들어 사용하셨습니다. 엘리야는 아합을 만나 모든 이스라엘 백성과 바알 선지자들과 아세라 선지자들을 갈멜산으로 모이게 하라고 했습니다.

갈멜산에 모든 백성과 바알 선지자들 450명이 모였습니다. 엘리야는 모든 백성에게 여호와가 만일 하나님이면 여호와를 따르고 바알이 하나님이면 바알을 따르라고 했습니다. 그러면서 참 신이 누구인지 가려내자고 도전했습니다. 엘리야는 450 대 1로 영적 전쟁을 치렀습니다. 숫자상으로 보면 대결 자체가 성립되지 않았습니다. 그러나 엘리야는 믿음으로 나아갔습니다.

두 진영은 "불로 응답하는 신이 진짜 하나님이시다"라는 데 동의했습니다. 먼저 바알 선지자들이 제사를 드리기 시작했습니다. 축제를 벌이면서 "바알 신이여, 응답해 주소서" 하고 외쳤습니다. 바알은 농경 신이자 풍요의 신인 데다 태양 신이나 불과 번개를 보내 주는 신으로 여겨졌기에 하늘에서 불을 내려서 조그마한 제단 하나 태우는 것쯤은 아무것도 아닐 것이라고 생각했을 것입니다. 그러나 아무 일도 일어나지 않았습니다. 그러자 그들은 결국 자신들의 몸을 자해해 피를 내면서까지 외쳤습니다. 그러나 아무런 변화도 없었습니다.

그 이유가 무엇입니까? 바알은 참 신이 아니라 사람이 만들어 낸 죽어 있는 신이기 때문입니다. 하나님을 믿지 않는 잘못된 종교적인 열심은 자신을 고통스럽게 한다는 사실을 잊어선 안 됩니다. 죽음으로 가는 허망한 삶일 뿐입니다.

여호와는 과연
하나님이시다

이때 응답하지 않는 바알 신을 뒤로하고 엘리야가 하나님 앞에 예배하기 시작했습니다. 엘리야는 지파의 수효를 따라 돌 12개를 취해 여호와의 이름을 의지해 무너진 제단을 쌓았습니다. 당시 이스라엘 백성은 북 이스라엘에 10지파, 남 유다에 2지파로 나누어져 있었습니다. 12개의 돌을 취한 이유는 이스라엘이 한 민족이 되어서 하나님을 섬기기를 간절히 바라는 마음을 담은 것입니다. 하나 될 때 하나님의 역사가 나타납니다. 가정이든, 교회든, 민족이든 하나 되어 예배할 때 하나님의 기적이 일어납니다.

엘리야는 무너진 제단을 수축한 후 제단을 돌아가며 곡식 종자 두 세아를 둘 만한 도랑을 만들고 나무를 벌이고 송아지의 각을 떠서 나무 위에 놓고 통 넷에 물을 채워다가 번제물과 나무 위에 붓기를 세 번이나 했습니다.

당시에 이스라엘 백성이 3년 6개월 동안 비를 경험하지 못한, 아주 극심한 가뭄이 들었습니다. 엘리야는 그처럼 귀한 물을 제단에 다 부어 하나님께 드렸습니다. 간절한 마음으로 무너진 제단을 수축하고 물을 부으면서 정결의식을 행하며 하나님 앞에 부르짖은 것입니다. 한마디로 예배를 드렸습니다. 우리가 하나님께 예배드리는 모습도 엘리야와 같아야 합니다. 간절하고 갈급한 마음으로, 기도의 야성을 가지고 살아 계신 하나님 앞에 나아가 구해야 합니다.

엘리야는 제단 주변에 도랑을 파고 물까지 다 부었습니다. 제단과 제물이 다 젖은 상황에서 속임수란 있을 수 없었습니다. 이제 36-37절에서 엘리야는 하나님께 기도했습니다. "아브라함과 이삭과 이스라엘의 하나님 여호와여 주께서 이스라엘 중에서 하나님이신 것과 내가 주의 종인 것과 내가 주의 말씀대로 이 모든 일을 행하는 것을 오늘 알게 하옵소서 여호와여 내게 응답하옵소서 내게 응답하옵소서 이 백성에게 주 여호와는 하나님이신 것과 주는 그들의 마음을 되돌이키심을 알게 하옵소서." 그러자 하나님이 하늘에서 불을 내려 응답하셨습니다. 하나님의 놀라운 기적 같은 응답의 역사가 일어났습니다.

엘리야는 단지 불을 내려 달라고 기도하지 않았습니다. 불이 내림으로 말미암아 주 여호와가 하나님이신 것을 알게 해 달라고 간구했습니다. 즉 온 백성이 "여호와는 과연 하나님이시로다"라고 고백하게 해 달라고 기도한 것입니다.

우리가 무너진 제단을 다시 쌓고 하나님 앞에 예배하고 기도할 때 하나님은 하늘에서 듣고 응답하십니다. 하나님이 기적같이 역사하십니다. 불은 하나님의 강력한 임재를 상징합니다. 대표적으로 구약성경의 경우, 창세기에서 떨기나무 불꽃 가운데 하나님이 임재해 모세를 부르셨고, 신약성경의 경우 사도행전에서 오순절 날 성령이 불의 혀같이 갈라진 모습으로 임하셨습니다.

불과 같은 성령이 임하셔야 합니다. 우리는 "성령이여, 임하소서. 하나님이여, 임하소서. 응답하소서"라고 기도해야 합니다. 성령이 임하시면 우리의 모든 죄된 모습이 불태워집니다.

하나님이 제단에 내리신 불은 번제물과 나무와 돌과 흙을 태우고 또 도랑의 물을 핥았습니다. 성령이 임하심으로 하나님의 역사가 나타날 때 우리의 단단해진 가슴이 깨어지고, 식었던 가슴이 뜨거워지고, 차가워졌던 기도가 회복되고, 말랐던 눈에 눈물이 회복되고, 하나님의 뜻이 이루어지기 시작합니다.

"머뭇거리며 타협하지 않고
하나님만 섬기겠습니다"

우리는 하나님도 섬기고, 동시에 세상과 돈도 섬길 수 있을 것이라고 생각합니다. 하지만 하나님은 아니라고 말씀하십니다. 하나님을 섬기는 길은 비록 좁은 길이지만 하나님이 원하시는 길이요, 축복의 길이며, 행복의 길이라고 하십니다.

오늘날 우리의 삶에 머뭇머뭇하는 모습이 얼마나 많은지 모릅니다. 우리는 하나님을 의지하기 위해 노력하고 기도해야 합니다. 오늘날 우리는 한국 교회를 위해, 또 나라와 민족을 위해, 북한을 놓고 함께 기도해야 합니다. 엘리야가 기도했듯이 하나님을 사랑하는 마음을 가지고 나라를 사랑하며 기도해야 합니다. 그리고 무엇보다 하나님이 기뻐하시는 일을 선택하고, 하나님이 원하시지 않는 일이라면 머뭇거리며 타협하지 않아야 합니다.

우리가 영성 생활을 하면서 하나님과 세상 사이에서 타협하는 부분이 있다면 철저하게 내려놓아야 합니다. 주일에 하나님을 예배하면서 제단을 쌓는 것 같은데, 정작 내 삶에서는 하나님을 섬기지 않고 있다면 돌이켜야 합니다. 불로 응답하시는 하나님이 참 하나님이십니다.

오늘날 이 시대는 마치 사사 시대 말기와도 같습니다. 사사기 마지막 장 마지막 절인 21장 25절을 보면 "그때에 이스라엘에 왕이 없으므로 사람이 각기 자기의 소견에 옳은 대로 행하였더라"라고 말합니다. 자기 소견에 옳은 대로 행하기 때문에 다 각기 제 길로 간 것입니다.

지도자인 왕이 하나님을 경외하지 못하니까 모든 백성이 고통을 받았습니다. 이스라엘 백성은 진정한 왕이 하나님이심을 깨달아 하나님을 경외했어야 했습니다. 우리는 이 시대적인 도전 앞에서 내 눈에 옳은 대로 행하는 것이 아니라, 하나님의 말씀이라는 기준을 가지고 살아야 합니다.

어리석은 이스라엘 백성은 3년 6개월 동안 비가 오지 않았는데도 여전히 바알 신을 섬겼습니다. 바알 신이 비를 주고 태양

빛을 비추어 생산을 풍요롭게 해 줄 것이라고 기대한 것입니다. 그러나 엘리야 선지자가 갈멜산에 올라가서 간절히 기도할 때 하나님이 하늘 문을 여시고 3년 6개월 동안 오지 않았던 비를 억수같이 내려 주셨습니다.

주권은 하나님께 있습니다. 물론 우리는 하나님이 우리에게 맡기신 역할을 최선을 다해 감당해야 합니다. 하지만 민족과 나 자신의 운명은 하나님께 있습니다. 우리의 무너진 제단을 다시 쌓고, 다시 선택하고, 다시 결단해서 하나님을 영화롭게 해야 합니다. 하나님께 이렇게 기도하십시오. "하나님, 이 황무한 땅을 새롭게 해 주시고, 나의 영혼과 삶도 새롭게 하소서. 부흥의 은혜와 역사를 내려 주시옵소서." 우리가 기도할 때 하나님의 기적 같은 은혜가 우리 민족과 나의 삶 가운데 부어질 것입니다.

삶에서 드리는 나의 대답 ✍

_____

_____

_____

_____

_____

하나님 나라의 비전

하나님이 보여 주신 비전을 보고 있느냐는 질문,
"무엇을 보려고 나갔더냐?"

열세 번째 영적 질문은 예수
님이 사람들에게 던지신 질문으로서, "무엇을 보려고 나갔더
냐"(눅 7:25)입니다. 당시 많은 사람이 광야로 몰려들었습니다. 사
실 광야에는 별로 볼 것이 없습니다. 모래, 돌, 흔들리는 갈대,
잡초 등이 전부입니다. 그런 그들에게 예수님은 "너희가 무엇을
보려고 광야에 나갔더냐?"라고 물으셨습니다.

사람들이 광야로 몰려든 이유는 하나님이 보내신 선지자, 아
니 선지자보다 더 큰 자라고 일컬음 받은 세례 요한을 보기 위
해서였습니다. 세례 요한의 별명은 '광야에서 외치는 자의 소리'
입니다. 사람들은 광야에서 외치는 자의 소리를 보려고 광야에
나간 것입니다.

여기서 한 가지 질문이 생깁니다. 예수님은 왜 그들에게 이
질문을 던지신 것일까요? "너희가 만나고, 듣고, 본 광야의 소리
를 주목하라"는 뜻에서입니다.

사실 '광야'는 힘든 우리의 인생을 표현해 주는 단어입니다.
때로는 외롭고, 쓸쓸하고, 힘든 삶을 광야에 비유하곤 합니다.
'광야'는 히브리어로 '미드바르'입니다. '미드바르'에는 '하나님의

말씀이 임하는 곳'이라는 의미가 포함되어 있습니다. '미드바르'라는 단어의 기초가 되는 '다바르'라는 단어는 '하나님의 말씀'을 의미합니다. 그리고 유사한 단어인 '드바르'는 '지성소'를 말합니다. 하나님의 임재가 있는 곳이 바로 광야인 것입니다.

왜 광야가 축복이 됩니까? 광야에서 하나님을 만날 수 있기 때문입니다. 광야가 왜 내 삶에 아름다움이자 가치 있는 현장이 될 수 있습니까? 하나님을 예배할 수 있기 때문에, 하나님의 말씀이 임하는 곳이기 때문입니다. 이스라엘 백성도 마찬가지였습니다. 비록 광야는 힘들고 문제가 많지만 광야 가운데 하나님이 함께하셨습니다. 하나님은 불기둥과 구름기둥으로 그들을 인도하고 보호해 주셨습니다. 만나를 보내 주셨습니다. 우리에게는 광야의 시간이 필요합니다. 아니, 우리의 삶은 광야 위에 놓여 있습니다.

"너희가 무엇을 보려고 광야에 나갔더냐?"라는 예수님의 질문대로, 보는 것은 매우 중요합니다. 사람은 무엇을 보느냐에 따라서 인생이 결정됩니다. '보는 것'을 달리 말하면 '비전'(vision)입니다. 이 땅을 보면서 이 땅의 것만 집착하고 사모하는 인생은 이 땅에서의 인생만을 사는 것입니다. 그러나 하나님이 보여 주시는 비전을 보는 사람은 전혀 다른 삶을 삽니다. 광야에서 하나님을 만나는 것입니다.

어려움과 문제가 있다면 광야 가운데서 주님을 만나야 합니다. 주님을 만나는 자리는 바로 골방이고, 예배의 자리이고, 기도의 자리입니다. 가정에서든지, 교회에서든지, 직장에서든지, 길거리를 지나다닐 때든지, 차 안에서든지, 어디서나 주님의 말씀을 들을 수 있습니다. 우리가 주님을 만나는 자리는 축복의 현장이 됩니다.

내가 선 그곳 광야에서
예수 그리스도를 믿어야 한다

하나님의 말씀이 임하자 광야에서 외치는 자의 소리를 듣기 위해 많은 사람이 몰려왔습니다. 메시지가 없는 소리는 단지 소음일 뿐입니다. 광야에서 외치는 자의 소리, 즉 세례 요한의 소리에는 메시지가 담겨 있었습니다. 그러므로 예수님은 "세례 요한이 외쳤던 메시지를 붙잡아야 된다"고 말씀하신 것입니다. 이 말씀은 과거에 세례 요한에게 나아온 무리들이나 당시 예수님을 따르는 제자들에게만 해당하는 내용이 아닙니다. 지금도 살아 역사하시는 성령이 이 말씀을 읽는 우리 모두에게 말씀하십니다. 세례 요한이 외쳤던 메시지를 회복해야 한다는 것입니다.

그렇다면 세례 요한이 무슨 메시지를 전했습니까? 한마디로 정리하면, 예수 그리스도입니다. 좀 더 구체적으로는, 예수 그리스도에 관해 3가지를 이야기했습니다.

첫째, 예수 그리스도를 믿어야 한다는 것입니다. 요한복음 1장은 참 빛이 세상에 왔다고 이야기합니다(요 1:9). 어두움 가운데 참 빛으로서 참 생명을 주기 위해 예수님이 오셨습니다. 그러나 세상은 예수님을 영접하지 않았습니다.

세례 요한은 예수님을 가리켜 "너희 가운데 너희가 알지 못하는 한 사람이 섰으니 곧 내 뒤에 오시는 그이라 나는 그의 신발 끈을 풀기도 감당하지 못하겠노라"(요 1:26-27), "보라 세상 죄를 지고 가는 하나님의 어린양이로다"(요 1:29), "그는 흥하여야 하겠고 나는 쇠하여야 하리라"(요 3:30)라고 말했습니다. 내 뒤에 오시는 예수님을 믿으라고 한 것입니다. 광야에서 축복은 예수님을 믿는 것입니다. 예배의 축복은 예수님을 붙잡고, 의지하며, 바라볼 수 있다는 것입니다.

예수님은 길이시고, 진리이시고, 생명이십니다(요 14:6). 예수님은 어두움과 저주와 심판과 사망 권세를 깨뜨리고 부활하신 분입니다. 예수님은 우리에게 생명을 주시는 유일한 분으로서, 우리의 구원자가 되십니다. 예수님이 아니고서는 아버지께로 나아올 자가 없습니다. 예수님은 무덤 가운데 머물러 계시지 않고 살아서 지금도 역사하십니다. 예수님은 하나님의 아들로서, 십자가 보혈의 능력으로 우리의 죄를 사해 주셨습니다. 예수님을 믿는 우리는 하나님의 자녀가 되어 하나님 나라에 들어갑니다.

예수님은 진정 생명이시기에 뿔뿔이 흩어졌던 제자들이 복음을 전하기 위해 자신의 생명조차 아끼지 않고 순교를 당하면서까지 자기의 모든 것을 희생할 수 있었습니다. 우리는 예수님이 생명이시기 때문에, 예수님이 살아 계신 하나님의 아들이시요, 우리의 구원자가 되시기 때문에 그분을 예배하는 것입니다. 우리는 살아 계신 하나님의 아들, 구원자 예수 그리스도를 믿으라는 세례 요한의 메시지를 다시 붙잡아야 합니다.

내가 선 그곳 광야에서
모든 주권을 예수님께 내어 드리라

둘째, 세례 요한의 메시지는 예수님을 믿는 자는 자신의 삶의 주권을 주 앞에 내어 드린다는 것입니다. 유대인들이 제사장들과 레위인들을 요한에게 보내 "네가 누구냐?"라고 물었습니다. 이에 요한은 "나는 그리스도가 아니라"(요 1:20)라고 답했습니다. 요한은 예수 그리스도만을 증거했던 것입니다. 예수님을 믿는 사람은 예수님만을 유일한 생명의 구원자로 믿습니다. 세상도 믿으면서 예수님을 믿을 수는 없습니다. 예수님보다 더 사랑하는 모든 것, 예수님보다 더 주인 된 모든 것을 내려놓아야 합니다.

마태복음 3장 2절에서 세례 요한은 예수님께 모든 주권을 내어 드리라는 메시지를 "회개하라 천국이 가까이 왔느니라"라고 표현했습니다. 회개해야 한다는 것입니다. 당시 사람들의 마음 가운데는 하나님을 만나기 원하는 갈급함이 있었습니다. 그들은 하나님이 주시는 생명을 받기 원했습니다. 그 갈증을 가지고 광야로 몰려나갔습니다. 우리의 마음속에도 "회개하라 천국이 가까이 왔느니라"라는 고백이 필요합니다. "예수님만이 나의 왕이시며 나의 주인이십니다." 이 고백이 선포되는 자리가 예배의 자리입니다.

"하나님이 생명이십니다"라는 고백은 곧 "나는 생명이 아닙니다"라는 의미입니다. "예수님은 능력이십니다"라는 고백은 "예수님이 없으면 나에게는 능력이 없습니다"라는 뜻입니다. "예수님만이 나의 소망이십니다"라는 고백은 "예수님 없이는 나에게는 정말 소망이 없습니다"라는 것입니다. "예수님은 내 인생의 주인이십니다"라는 고백은 "나는 내 인생의 주인이 아닙니다"라는 뜻입니다. 이 고백을 하나님께 드리는 자가 그리스도인입니다.

그리스도인은 죄인 됨을 철저히 깨닫고 예수 그리스도 외에는 구원자가 없음을 고백하면서 참 길이요, 생명이요, 빛이 되신 예수 그리스도를 마음에 영접하고 자기 삶을 주께 온전히 드리는 사람입니다.

하나님은 성경 곳곳에서 예배에 대해서 말씀하십니다. 로마서

12장 1절은 "그러므로 형제들아 내가 하나님의 모든 자비하심으로 너희를 권하노니 너희 몸을 하나님이 기뻐하시는 거룩한 산 제물로 드리라 이는 너희가 드릴 영적 예배니라"라고 말합니다. 우리는 하나님을 예배해야 합니다. 광야의 인생에서 하나님을 예배한다는 것은 예수님 외에는 다른 것을 섬기지 않는다는 뜻입니다. 예수님보다 더 높아진 것이 있다면 다 우상입니다.

그래서 이어지는 로마서 12장 2절은 참된 예배를 회복한 사람을 향해 "너희는 이 세대를 본받지 말고 오직 마음을 새롭게 함으로 변화를 받아 하나님의 선하시고 기뻐하시고 온전하신 뜻이 무엇인지 분별하도록 하라"라고 말합니다. 예수님을 믿고 의지하고 그분께 예배를 드리는 사람들이 이 세대를 본받아서는 안 된다는 것입니다. 예수님을 섬기면서 세상 흐름을 따라갈 수는 없습니다. 혹여 이 땅을 따라가고 있는 모습이 있다면 내려놓으라고 말씀하신 것입니다.

요한일서 2장 15-16절은 "이 세상이나 세상에 있는 것들을 사랑하지 말라 … 육신의 정욕과 안목의 정욕과 이생의 자랑이니"라고 말합니다. 하나님의 말씀만을 붙잡고, 그 말씀이 진리임을 고백하고, 우리의 삶에서 세상과 타협하고 있는 모든 욕심과 욕망과 음란과 폭행과 교만을 다 내려놓고 예수 그리스도를 따르라는 뜻입니다.

지금은 점점 더 육신의 정욕과 안목의 정욕, 이생의 자랑만을 좇아가는 이 나라와 민족을 위해서 기도해야 할 때입니다. 우리는 하나님의 긍휼을 의지해 하나님께 간구해야 합니다. 성경에 등장하는 많은 사람이 나라와 민족을 위해 하나님께 기도했고, 그들의 기도를 들으신 하나님이 그 땅을 고치셨습니다. 하나님이 인자와 긍휼, 사랑으로 그 땅을 덮어 주셨고 그들의 삶을 돌아봐 주셨습니다.

역대하 7장 14절에서 하나님은 이렇게 말씀하셨습니다. "내 이름으로 일컫는 내 백성이 그들의 악한 길에서 떠나 스스로 낮추고 기도하여 내 얼굴을 찾으면 내가 하늘에서 듣고 그들의 죄를 사하고 그들의 땅을 고칠지라."

'내 이름으로 일컫는 내 백성', 즉 성도의 삶은 매우 중요합니다. 그리스도인인 우리는 악한 길에서 떠나 내 삶의 주인 되었던 모든 것을 내려놓고 회개해야 합니다. 만일 우리가 우리 죄를 자백하면 하나님은 미쁘시고 의로우사 우리 죄를 사하시며 우리를 모든 불의에서 깨끗하게 하십니다(요일 1:9).

이미 예수님이 십자가에서 다 이루셨기에 우리는 두려워하거나 염려할 필요가 없습니다. 주님의 십자가 앞에 나아가 그 은혜를 사모하며 나의 모든 죄를 고백하며 회개함으로 하나님께 돌이키면 하나님이 들으십니다. 하나님이 모든 죄를 사하시고 이 땅, 이 민족, 이 나라를 고쳐 주십니다.

세례 요한이 외쳤던 메시지가 우리의 삶 가운데 이루어져야 합니다. 예수 그리스도를 믿으십시오. 예수님을 믿으면서 세상도 함께 믿지 말고, 내가 주인 삼았던 모든 것을 다 내려놓아야 합니다.

내가 선 그곳 광야에서
예수 그리스도를 전해야 한다

셋째, 세례 요한을 통해서 하나님이 주신 메시지는 예수 그리스도를 전해야 한다는 것입니다. 마가복음 1장 3절을 보면, "광야에 외치는 자의 소리가 있어 이르되 너희는 주의 길을 준비하라 그의 오실 길을 곧게 하라"라고 기록되어 있습니다. 세례 요한의 삶이 그러했습니다. 광야로 몰려든 많은 사람이 세례 요한을 보았고, 그의 메시지도 들었고, 그의 삶도 보았습니다. 그렇다면 세례 요한의 메시지와 그의 삶은 어떠했습니까? 동일하게 주의 길을 준비하는 삶이었습니다. 그는 그 삶을 살기 위해 광야로 나갔고 그리스도를 선포하고 증거했습니다.

우리에게도 하나님이 주신 메시지, 즉 사명이 있습니다. 복음을 전파하는 것입니다. 이것은 놀라운 축복입니다. 본문인 누가복음 7장 마지막을 보면 이해하기 어려운 내용이 나옵니다. "여자가 낳은 자 중에 요한보다 큰 자가 없도다 그러나 하나님의 나라에서는 극히 작은 자라도 그보다 크니라 하시니"(눅 7:28). 예수님은 세례 요한이 약속된 메시아의 오심을 선포한 마지막 선지자요, 가장 위대한 선지자인데, 하나님의 나라에서는 극히 작은 자라도 세례 요한보다 크다고 말씀하셨습니다. 그만큼 하나님 나라가 위대하다는 뜻입니다. 그러면 하나님 나라는 언제 임했습니까? 예수 그리스도와 함께 임했습니다.

구속사적 관점에서 세례 요한은 위대한 인생을 살았지만 예수님의 공생애 이전에 활동했습니다. 그러나 우리는 예수 그리스도가 죽으시고, 부활하시고, 승천하신 사건을 경험한 위대한 영적 유산을 가지고 있습니다. 세례 요한을 따라가면 하나님 나라를 준비하지만, 예수님을 따라가면 하나님 나라에 참여하는 복을 받습니다. 우리는 세례 요한은 경험하지 못한 하나님 나라에 참여하고 있습니다.

하나님은 우리에게 주의 오실 길을 예비하라고 도전하고 계십니다. 세례 요한이 초림의 예수님의 공생애를 준비했다면 우리는 승천하신 예수님, 하나님의 보좌 우편에서 지금도 온 우주 만물을 다스리시는 예수님, 다시 오실 주님의 길을 준비해야 합니다. 모든 구약의 예언이 성취되었듯이, 예수님이 다시 오신다는 약속도 반드시 이루어집니다. 그날과 때는 알지 못하지만, 주님은 곧 오리라고 말씀하셨습니다.

세례 요한이 회개의 세례를 베풀었다면, 예수님은 우리에게 회개의 세례 정도가 아니라 복음을 전하고 아버지와 아들과 성령의 이름으로 세례를 베풀라고 말씀하셨습니다(마 28:19). 세례 요한도 마가복음 1장 8절에서 "나는 너희에게 물로 세례를 베풀었거니와 그는 너희에게 성령으로 세례를 베푸시리라"라고 말했습니다.

오순절 날 성령이 임하셨습니다. 우리가 예수 그리스도를 믿는다는 것은 이미 우리 안에 성령이 내주하고 계신 것입니다. 성령으로 아니하고는 누구든지 예수를 주시라 할 수 없습니다(고전 12:3). 성령이 임하시면 권능을 받아서 하나님의 증인이 됩니다(행 1:8). 디모데후서 4장 2절은 "너는 말씀을 전파하라 때를 얻든지 못 얻든지 항상 힘쓰라"라고 말하며, 마가복음 16장 15절은 "너희는 온 천하에 다니며 만민에게 복음을 전파하라"라고 명령합니다.

우리는 주님의 오심을 준비한 세례 요한의 삶을 우리의 삶으로 받아들여야 합니다. 광야에 나가서 흔들리는 갈대만 보지 말고 세례 요한의 메시지에 주목해야 합니다. 예수 그리스도를 믿고, 모든 주도권을 주께 드리며, 주의 복음을 증거하는 삶을 살아야 합니다.

세례 요한은 좁은 길을 걸어갔습니다. 메뚜기와 역청을 먹고 약대털옷을 입고 광야에서 하나님 나라의 복음을 증거했습니다. 오늘 예수님이 우리에게 "너희가 무엇을 보려고 광야에 나갔느냐?"라고 물으시며 동일하게 도전하고 계십니다. 주님이 다시 오실 날이 가까워졌습니다. 삶을 허비하거나 세상에 빼앗기지 않고, 예배하고 기도하면서 하나님께 아름답게 드리는 우리의 삶이 되기를 바랍니다.

삶에서 드리는 나의 대답 ✍

✍ 섬김의 자리

섬기는 삶을 촉구하는 질문,
"천국에서 누가 큰 자인가?"

"천국에서 누가 큰 자인가?"
라는 열네 번째 영적 질문을 주제로 사명자의 섬김과 다음 세대
에 관한 하나님의 메시지를 나누고자 합니다. 예수님은 제자들
과 함께 가버나움에 이르러 집에 들어가셨을 때 제자들에게 "너
희가 길에서 서로 토론한 것이 무엇이냐"(막 9:33)고 물으셨습니
다. 그때 제자들은 대답을 할 수가 없어 잠잠했습니다. 왜냐하면
예수님이 기뻐하시지 않는 내용으로 토론을 했기 때문입니다.
그 주제는 바로 "우리 중에 누가 크냐?"는 것이었습니다.

우리도 제자들과 다를 바 없습니다. 주님과 함께하며 주님을
따라간다고 하면서 순종, 말씀, 은혜는 뒤로하고 주님이 원하시
지 않는 일, 주님의 관심에서 멀어진 일을 가지고 토론할 때가
너무 많습니다. 사실 제자들은 누가 큰지를 놓고 이야기할 만큼
정말 대단한 사람들이었습니다. 왜냐하면 예수님을 친히 목도
했을 뿐만 아니라 예수님이 밤새 기도하신 후 세우신 사도들이
기 때문입니다.

세리 마태, 의사 누가, 수제자 베드로 등 누구 하나 뒤처지
는 사람이 없습니다. 그들 중에는 예수님께 칭찬받은 제자들도

많았습니다. 바돌로매는 '나다나엘'이라고 불렸는데, 예수님은 그더러 "참으로 이스라엘 사람이라 그 속에 간사한 것이 없도 다"(요 1:47)라고 칭찬하셨습니다. 빌립은 나다나엘을 예수님께 인 도한 사람입니다. 빌립이 헬라식 이름이라는 사실에서 알 수 있 듯이, 아마도 그는 헬라어에 능통했을 것입니다. 요한은 예수님 의 사랑을 받은 제자였습니다. 야고보는 예수님의 동생이었습 니다. 안드레는 제자들 중에 첫 번째로 예수님의 부르심을 받았 습니다. 제자들에게는 다 나름대로 "내가 가장 크다. 내가 가장 영향력이 있다"라고 이야기할 만큼 조건이 충분했습니다.

병행 본문인 마태복음 18장에서는 제자들이 예수님께 나아와 "천국에서는 누가 크니이까"(마 18:1)라고 질문한 후에 예수님이 이에 대해 답변하신 방식으로 기록되어 있습니다.

본문 35절에서 예수님은 천국에서 누가 큰 자인지를 아주 단순 하고 명쾌하게 정리해 주셨습니다. "누구든지 첫째가 되고자 하 면 뭇 사람의 끝이 되며 뭇 사람을 섬기는 자가 되어야 하리라."

세상에서는 누가 큰 자입니까? 권력을 가진 자, 지휘권을 가 진 자, 많은 지식을 가진 자, 많은 물질을 가진 자, 건강한 자일 것입니다. 그러나 천국에서는 이 땅에서 섬기는 자가 큰 자라고 예수님은 말씀하셨습니다. 다른 사람의 눈에 띄지 않는다고 할 지라도 이름 없이 빛도 없이 묵묵히 섬기는 사람들이 있습니다. 천국에 가면 이 세상에서 생각하는 큰 자와 작은 자가 뒤집혀져서 다 놀라는 현상이 일어날 것입니다.

예수님이 누구이십니까? 빌립보서 2장 6-8절은 예수님에 대해서 "그는 근본 하나님의 본체시나 하나님과 동등 됨을 취할 것으로 여기지 아니하시고 오히려 자기를 비워 종의 형체를 가지사 사람들과 같이 되셨고 사람의 모양으로 나타나사 자기를 낮추시고 죽기까지 복종하셨으니 곧 십자가에 죽으심이라"라고 설명합니다. 예수님은 나를 사랑하셔서 나를 섬기기 위해 이 땅에 오신 하나님입니다.

예수님은 죽으시고, 낮아지시고, 겸손히 자신의 삶을 드리셨습니다. 그러자 하나님이 그분을 지극히 높여 주셨습니다. "하늘에 있는 자들과 땅에 있는 자들과 땅 아래에 있는 자들로 모든 무릎을 예수의 이름에 꿇게 하시고 모든 입으로 예수 그리스도를 주라 시인하여 하나님 아버지께 영광을 돌리게 하셨"(빌 2:10-11)습니다. 죽으면 삽니다. 낮아지면 높아집니다. 하나님은 교만한 자는 쓰시지 않습니다. 교만은 패망의 선봉입니다(잠 16:18).

섬기려거든 예수님 따라
겸손하게, 은밀하게

사실 제자들은 누가 크냐는 문제로 자주 다투었습니다. 심지어 유월절 마지막 만찬이 있었던 날도 예외는 아니었습니다. 예수님은 그날 한 다락에 모여서 제자들과 함께 만찬을 드셨습니다. 예수님은 저녁식사 하시던 중에 일어나 제자들의 발을 씻어 주셨습니다.

당시 관습에 의하면, 발은 저녁식사 전에 씻어야 했습니다. 그런데 예수님은 저녁식사 중에 일어나셨습니다. 아마 예수님은 저녁식사 전에 제자들 중에 누군가가 발을 씻어 주고 섬겨 주기를 기다리셨던 것 같습니다. 그러나 아무도 일어서지 않았습니다. 성경을 보면 그때도 제자들이 서로 "누가 크냐?" 하고 다투었습니다(눅 22:24).

그러자 예수님이 자리에서 일어나 수건을 허리에 두르고 제자들의 발을 차례로 씻어 주셨습니다. 그러고는 이렇게 말씀하셨습니다. "내가 주와 또는 선생이 되어 너희 발을 씻었으니 너희도 서로 발을 씻어 주는 것이 옳으니라 내가 너희에게 행한 것같이 너희도 행하게 하려 하여 본을 보였노라"(요 13:14-15).

섬김은 말이나 생각으로만 하는 것이 아니라 예수님처럼 행함과 진실함으로 해야 합니다. 이름 없이 빛도 없이 낮아져서 성도와 소외된 이웃을 섬기는 것입니다. 좋지만은 않은 말을 들으면서도 주님과 주의 복음을 위해 끝까지 인내하고 섬기는 것입니다. 나보다 헐벗고 굶주린 영혼들을 도와주는 것입니다. 내가 가진 재능과 은사와 물질과 힘을 다해, 또한 건강으로 섬기는 것입니다.

예수님은 비록 우리의 작은 섬김이 이 땅에서는 드러나지 않을지라도 주님이 기억하셔서 천국에서 큰 자가 될 것이라고 말씀하셨습니다. 우리가 겸손하게 섬길 때 하나님이 우리를 높여 주십니다. 그러므로 우리는 섬기면서도 생색을 내거나 자기 이름을 드러내지 않아야 합니다. 누가 큰지, 누가 영향력이 있는지를 비교하고 경쟁하는 것이 아니라 주님을 본받아서 서로 낮아져 겸손히 섬겨야 합니다.

"도리어 섬김으로
천국에서 큰 자가 되게 하소서"

그런데 예수님은 섬김에 대해서 말씀하시면서 어린아이를 데려다가 안아 주며 말씀하셨습니다. "누구든지 내 이름으로 이런 어린아이 하나를 영접하면 곧 나를 영접함이요 누구든지 나를 영접하면 나를 영접함이 아니요 나를 보내신 이를 영접함이니라"(막 9:37). 천국에서 큰 자는 섬기는 자인데, 어린아이를 영접하고 어린아이를 섬길 수 있는 사람이어야 한다는 의미입니다. 예수님은 지금 시청각 교육을 하고 계시는 것입니다.

누군가를 섬길 때는 이익을 바라지 않습니다. 어린아이를 섬긴다고 해서 당장에 보상을 받는 것은 아닙니다. 만약 이익을 얻기 위해서 섬긴다면 잘나가는 사람, 유명한 사람, 나에게 보답해 줄 수 있는 사람을 섬기는 것이 마땅합니다. 그러나 어린아이는 약하디약한 존재입니다. 어린아이는 말 그대로 어린 아이입니다. 그처럼 어린아이를 섬길 수 있는 자가 천국에서 큰 자인 것입니다.

이 말씀을 조금 더 확장해서 살펴보면, 다음 세대를 섬기라는 예수님의 음성으로 받아들일 수 있습니다. 우리는 우리의 자녀들, 어린아이들, 청소년들을 주님의 이름으로 섬기고 사랑해 주어야 합니다. 어린아이를 통해서 우리의 미래를 볼 수 있기 때문입니다. 어린아이는 민족의 미래요, 자산입니다. 이 땅에서처럼 하늘나라에서도 마찬가지입니다. 천국에서 어린아이는 영적 자산이요, 영적 축복이며, 영적 미래입니다.

오늘날 어린아이들이 영접을 잘 받고 있습니까? 어린아이들이 섬김을 잘 받고 있습니까? 어린아이들이 제대로 양육받으며 사랑받고 있습니까? 언젠가 한 대학 연구팀이 우리나라 다음 세대의 행복지수에 대해 국제적으로 비교, 연구한 결과를 발표했습니다. 우리 자녀들이 얼마나 행복하다고 느낄까요? 우리나라의 아이들은 학업 성취도는 높았지만 행복지수는 OECD 국가 23개국 중에 하위권을 차지했습니다. 참 안타까운 통계입니다.

또 하나, 초등학교 4학년 학생부터 고등학교 3학년 학생까지 설문조사를 실시한 결과 5명 중에 1명이 자살을 생각하고 있다고 밝혔습니다. 얼마나 충격입니까! 성적, 가정 형편 등 다양한 이유가 있지만, 통계에 의하면 가장 첫 번째 이유가 부모와의 관계라고 합니다. 가정에서 충분한 관심을 못 받고 방치되고 있기 때문이었습니다. 가정 안에서 조건 없는 사랑을 받지 못하는 것입니다.

주님은 아이들에게 관심을 가지셨습니다. 주님은 아이들을 안아 주셨습니다. 주님은 나도 그렇게 안아 주셨습니다. 주님은 어린아이들을 영접하면 나를 영접하는 것이라고 분명하게 말씀하셨습니다. 다음 세대가 어떻게 행복할 수 있습니까?

그들에게 당장 필요한 무엇인가를 채워 주는 것도 중요할 것입니다. 그러나 가장 중요한 것은 그들이 하나님을 만나는 것입니다. 가정교육에서 가장 중요한 일은 복음을 나누는 것입니다. 하나님의 사랑을 경험하도록 하는 것입니다. 아무런 조건 없이 십자가에 예수 그리스도, 독생자를 아낌없이 내어 주신 하나님의 사랑을 경험하게 하는 것입니다.

너무 안타깝게도, 오늘날 청소년들의 복음화율이 3%라고 합니다. 오늘날 선교지가 멀리 있는 것이 아닙니다. 다음 세대가 바로 미전도 종족입니다. 한 세대 전만 해도 주일학교 학생들의 숫자가 장년보다 많았습니다. 지금 우리가 그 축복을 경험하고 있지 않습니까? 그러나 오늘날에는 50%가 넘는 교회에 청소년부가 없고, 주일학교가 사라지고 있습니다. 60%에서 많게는

80% 이상의 교회에서 7세 미만의 어린아이를 찾아보기가 힘들어졌습니다.

이제 우리는 아이들을 위해서 눈물로 기도해야 합니다. 아이들을 섬겨야 합니다. 어머니의 기도, 아버지의 기도, 교회학교 교사들의 기도, 성도들의 기도가 필요합니다. 다음 세대를 섬기고, 사랑하고, 세워 주어야 합니다.

루이스 부시(Luis bush)라는 세계선교 전략가가 있습니다. 1990년대에 들어와서 중요한 선교적 화두를 던진 바 있는데, '10/40창'이라는 용어입니다. 지구상에서 북위 10도에서 40도 사이에 전세계 인구의 4분의 3이 분포되어 있고, 복음을 듣지 못한 미전도 종족이 95% 이상 위치해 있기 때문에 10/40창 선교에 집중해야 한다고 주장했고, 많은 선교의 열매를 거두었습니다.

그런데 2000년대에 들어와서 그보다 더 시급한 선교 전략이 등장하기 시작했습니다. 10/40창이 지리적 개념인 데 반해 이번에는 세대적 개념으로 접근했습니다. 세대적 복음화를 시켜야 한다며 '4/14창'이 등장했습니다. 전 세대가 중요하지만 4세에서 14세까지의 아이들의 경우 마음이 열려 있어서 복음에 대한 수용력이 가장 클 때이므로 그들에게 집중해야 한다는 주장입니다. 4/14창 시기에 복음을 들으면 평생에 걸쳐서 방황하지 않고 신앙을 지킨다고 합니다.

생각해 보면 우리 대부분은 4/14창 시기에 복음을 처음 접했습니다. 그리고 지금까지 신앙생활을 잘하고 있습니다. 장년이나 노년 시기에 예수님을 믿는 것도 매우 좋지만, 유아 및 청소년 시절에 예수 그리스도를 믿는 것은 정말 귀하고 아름다운 일입니다.

하나님은 다음 세대를 일으키기 원하십니다. 다음 세대를 축복하기 원하십니다. 우리는 우리 자녀들을, 다음 세대들을 말씀과 사랑으로, 기도로 양육해야 합니다. 하나님은 어두운 시대가운데 사무엘과 같은 어린아이들을 통해서 하나님의 뜻을 나타내십니다. 민족을 향한 하나님의 소망을 어린아이가 자라 가면서 보여 주십니다. 우리 자녀와 다음 세대를 통해서 하나님이 놀라운 역사를 이루실 줄 믿습니다.

자녀들, 다음 세대는 우리가 관심을 가지고 섬겨야 할 대상입니다. 예수님은 섬기는 자가 천국에서 가장 큰 자이니 섬기라고 하셨습니다. 그러면서 어린아이를 섬기라고 말씀하셨습니다. 마가복음 10장 45절에서 예수님은 자신이 이 땅에 온 목적을 다음과 같이 밝히셨습니다. "인자가 온 것은 섬김을 받으려 함이 아니라 도리어 섬기려 하고 자기 목숨을 많은 사람의 대속물로 주려 함이니라."

하나님이 우리 가정에 선물로 주신 자녀들을 위해 기도의 씨를 뿌리십시오. 그들을 말씀으로 양육하고, 신앙 안에서 바로 자라도록 인도하십시오. 세상에서 기 죽지 않고 성공하기 위한

처세술을 가르치기보다 신앙 안에서 하나님이 원하시는 뜻을
아름답게 이루는 자녀들과 다음 세대가 되기를 간절히 기도해
야 합니다.

우리가 이 땅에서 섬길 때 하늘에서 해와 같이 빛날 것입니
다. 하나님이 천국에서 가장 큰 자로 여겨 주실 것입니다.

삶에서 드리는 나의 대답 ✍️

약속 있는 첫 계명

율법의 본질을 아느냐는 질문,
"어찌하여 계명을 범하느냐?"

하나님은 우리 가정에 관심
이 많으시며, 우리가 행복하기를 원하십니다. 하나님이 가정을
창조하셨고, 부모님과 자녀도 만드셨기 때문입니다. 우리는 하
나님의 작품입니다.

시편 127편 1절은 "여호와께서 집을 세우지 아니하시면 세우
는 자의 수고가 헛되며 여호와께서 성을 지키지 아니하시면 파
수꾼의 깨어 있음이 헛되도다"라고 말합니다. 집은 부모님이 세
워 갑니다. 아버지, 어머니가 세워 가는 집 아래서 자녀들이 성
장하는 것입니다. 그러나 아무리 집을 잘 세운다 하더라도 여호
와께서 집을 세우지 아니하시면 세우는 자의 수고가 헛됩니다.
우리 가정에는 무엇보다 하나님의 은혜와 사랑, 인도하심이 필
요합니다.

혹시 가족 중에 홀로 신앙생활을 하는 분이 있다면 낙망하지
마십시오. 두려워하거나 염려하지 마십시오. 성경은 "주 예수를
믿으라 그리하면 너와 네 집이 구원을 받으리라"(행 16:31)라고 약
속하고 있습니다. 이 약속을 붙잡고 기도하고 순종하면서 하나
님이 사용하시는 축복의 통로가 되어야 합니다.

본문을 보면, 바리새인과 서기관들이 예수님의 책망을 들었습니다. 그 이유를 예수님은 이사야서를 인용해서 말씀해 주셨습니다. "외식하는 자들아 이사야가 너희에 관하여 잘 예언하였도다 일렀으되 이 백성이 입술로는 나를 공경하되 마음은 내게서 멀도다 사람의 계명으로 교훈을 삼아 가르치니 나를 헛되이 경배하는도다 하였느니라"(마 15:7-9). 하나님을 예배하는데, 헛되이 예배할 수 있다고 말씀하신 것입니다. 하나님을 마음 다해 섬기는 것이 아니라 입술로만 공경한다는 의미입니다.

바리새인과 서기관들은 하나님의 계명을 따르지 않고 장로들의 전통, 즉 사람의 계명을 따랐습니다. 물론 하나님의 계명을 따르기 위해서 만들어진 신앙의 전통은 매우 좋은 것입니다. 그러나 그 전통이 하나님의 계명을 위배한다면 무너져야 마땅합니다. 그런데 당시 바리새인과 서기관들이 따랐던 장로들의 전통이 그러했습니다.

여기서 '장로들'이란 옛 종교 지도자, 즉 랍비, 서기관들을 가리킵니다. 그들이 하나님의 말씀과 율법에 많은 의식과 실천 사항들을 덧붙였던 것입니다. 대표적인 것이 음식을 먹기 전에 손을 씻는 정결 예식에 대한 것이었습니다. 손을 씻을 때 물의 양, 물의 질, 물을 붓는 방법, 손 씻는 자세 등 아주 세세하게 구분해 기록해 두었습니다.

그런 그들에게 예수님은 "너희는 어찌하여 너희의 전통으로 하나님의 계명을 범하느냐"(마 15:3)라고 말씀하셨습니다. 여기에 열다섯 번째 영적 질문이 나옵니다. "어찌하여 계명을 범하느냐?"입니다. 그러면서 예수님이 첫 번째 사례로 든 계명이 부모 공경입니다. 하나님이 부모를 공경하라고 말씀하셨는데, 왜 사람의 전통으로 부모를 제대로 공경하지 않느냐고 책망하신 것입니다.

바리새인과 서기관들도 부모님을 공경해야 한다는 사실을 알고 있었습니다. 하지만 그들은 "하나님께 재산이나 재물을 드리기만 하면 부모를 공경하지 않아도 된다"는 사람의 전통을 만들었습니다. '고르반'이라는 이름의 전통이었습니다.

'고르반'이란 '하나님께 바쳐진 재물'이라는 의미입니다. 즉 봉헌물입니다. 내 땅이나 재산이나 재물에 대해 "고르반!", 즉 하나님 앞에 바쳤다고 선언하기만 하면 부모님이든, 가족이든, 이웃이든, 누구든 건드리지 못했습니다.

물론 하나님 앞에 재물을 바치는 것은 정말 아름다운 일이요, 귀한 헌신입니다. 그러나 그들은 하나님의 계명을 완전히 비틀어서 왜곡시켜 버렸습니다. 심지어 빚을 갚아야 하는 돈으로 빚을 갚기 싫으니까 "고르반"이라고 선언하는 경우도 있었습니다. 하나님께 바쳤으니까 나는 못 갚는다는 것입니다. 이렇게 사람의 전통을 세워 핑곗거리를 만들어 놓은 것입니다.

더 큰 문제는 "고르반"이라고 선언한 재물을 실제로 하나님께 바쳐야 한다는 실천적인 의무는 없었다는 것입니다. 말만 하면

되었습니다. 종신 서약이기 때문에 "고르반"이라고 해 놓고 하나님께 바치지 않으면 그만이었습니다.

이처럼 사람들이 겉으로 보기에는 하나님을 뜨겁게 사랑해 하나님께 재물을 바치는 것 같은데 사실은 입술로만 경배하고 있다고 예수님은 책망하셨습니다. "너희 속에는 인간적인 욕심이 있구나. 외식하는 자들아"라고 말씀하신 것입니다. 부모를 공경하는 것처럼 보이는데, 자기가 가진 재물을 하나님 앞에 바쳤기 때문에 부모 공경을 제대로 못하고 있다며 핑계 대고 있다는 것입니다. 사실은 하나님께 바친 것도 아니요, 마음으로 섬기고 있는 것도 아닌데 말입니다. 이처럼 당시 사람들은 장로들의 전통을 자기 욕망의 도구로 이용하고 있었습니다.

하나님의 계명은 "네 부모를 공경하라"입니다. 이 명령 앞에서 우리는 핑계 대지 말아야 합니다. "고르반!"이라고 외치며 합리화해선 안 됩니다. 에베소서 6장 1-3절에서 하나님은 우리에게 이렇게 말씀하십니다. "자녀들아 주 안에서 너희 부모에게 순종하라 이것이 옳으니라 네 아버지와 어머니를 공경하라 이것은 약속이 있는 첫 계명이니 이로써 네가 잘되고 땅에서 장수하리라."

하나님 사랑과 인간 사랑,

그 시작과 끝은 진심

마태복음 22장에서 한 율법사가 예수님께 나아와서 "율법 중에서 어느 계명이 크니이까"(마 22:36)라고 물었습니다. 이에 대해 예수님은 "네 마음을 다하고 목숨을 다하고 뜻을 다하여 주 너의 하나님을 사랑하라 하셨으니 이것이 크고 첫째 되는 계명이요 둘째도 그와 같으니 네 이웃을 네 자신같이 사랑하라 하셨으니 이 두 계명이 온 율법과 선지자의 강령이니라"(마 22:37-40)라고 답하셨습니다.

첫째 되는 계명은 하나님을 사랑하되, 마음을 다해 사랑하라는 것입니다. 우리는 겉모습이나 입술로만이 아니라 마음의 중심을 다해서 하나님을 사랑해야 합니다. 마음을 다하여, 목숨을 다하여, 뜻을 다하여 하나님을 사랑하라고 예수님은 말씀하셨습니다. 둘째 계명은 이웃을 자신같이 사랑하라는 것입니다. 하나님을 사랑하고, 이웃을 사랑하는 것이 하나님의 계명입니다. 이는 십계명을 압축시킨 내용입니다. 제1-4계명은 '하나님의 사랑', 즉 천륜을 이야기합니다. 그리고 제5-10계명은 '인간 사랑', 즉 인류에 대한 것입니다.

'하나님 사랑'을 어떻게 합니까? 하나님 외에 우상을 섬기지 않음으로써 하나님을 사랑할 수 있습니다. 하나님보다 더 사랑하고 더 예배하는 것이 있으면 안 됩니다. 하나님의 이름을 망

령되게 부르지 말아야 합니다. 안식일을 기억하여 거룩하게 지켜야 합니다. 우리 인생에서 하나님을 첫째로 모시는 것, 하나님 중심으로 사는 것이 하나님을 사랑하는 방법입니다. 그러고 난 후에야 하나님은 인간 사랑에 대해서 말씀하셨습니다.

십계명 전체에서는 다섯 번째 계명이지만, 인간관계에서는 약속이 있는 첫 계명이 무엇입니까? 부모를 공경하라는 것입니다. 소외되고 헐벗은 이웃을 사랑하는 것도 매우 중요합니다. 선한 사마리아인처럼 오른손이 하는 일을 왼손이 모르도록 아름답게 섬기는 일도 귀합니다. 그러나 그보다 우선적인 일은 부모를 공경하는 것이라고 하나님은 말씀하신 것입니다. 이것이 약속이 있는 첫 계명입니다. 어떠한 약속이 있습니까? 부모님을 공경하면 "잘되고 땅에서 장수하리라"고 말씀하셨습니다. 진리 되신 하나님의 말씀입니다.

이는 통계적으로도 증명된 사실입니다. 부모를 등지고 사회적으로 물의를 일으키는 인생은 피폐할 수밖에 없습니다. 육신과 정신과 영혼까지 무너진 삶을 살게 됩니다. 그러나 부모를 공경하면 부모로부터 사랑받고, 평안을 누리고, 밝은 자아상을 가지고 세상을 바라보면서 여유로운 인생을 살아갈 수 있습니다. 무엇보다 하나님이 인정하시는 삶을 살게 됩니다.

"마음으로

계명을 지키겠습니다"

성경을 보면 불의한 자녀들
과 부모에게 효도한 자녀들의 사례가 종종 나옵니다. 대표적으
로 노아의 세 아들 셈, 함, 야벳을 들 수 있습니다. 세상에 완벽
한 인간이 없듯이 우리보다 더 많은 인생을 사신 부모님에게도
허물과 연약함이 있습니다. 하나님의 사람 노아도 실수를 저질
렀습니다. 하루는 노아가 포도주에 취해서 벌거벗은 채로 누워
있었습니다. 이 모습을 본 셈과 야벳은 아버지의 수치를 덮어
주었으나 함은 그 수치를 드러내 조롱거리로 만들었습니다. 그
런 함의 인생을 하나님은 저주하셨습니다. 이후 함의 자손들은
셈과 야벳의 자손들의 종이 되었습니다(창 9:25).

다윗의 아들 압살롬은 뛰어난 인물이었고, 이스라엘 백성 중
에 출중한 외모를 가진 자였습니다. 좋은 배경을 가진 그는 안
타깝게도 아버지에게 반역을 저질렀습니다. 그러자 말년에 비
참한 죽음을 당하고 말았습니다.

한편 다윗은 아버지에게 효도했습니다. 그는 8명의 아들들 중
에 막내로 태어났기에 아버지의 관심을 많이 받지 못했습니다.
사실 관심 밖이었습니다. 사무엘 선지자가 이스라엘의 왕을 뽑
아 기름을 부으러 왔는데, 아버지 이새는 막내 다윗이 없는지조
차 모르고 있었습니다. 그러나 다윗은 아버지에게 순종했습니

다. 아버지가 양을 치라고 하면 양을 쳤습니다. 전쟁터에 나간 형들에게 음식을 갖다 주라고 하면 갖다 주었습니다. 부모님을 공경하며 순종할 때 하나님께 쓰임 받는 기회가 찾아옵니다.

효도의 대명사라고 불릴 만한 인물로 아브라함의 아들 이삭을 들 수 있습니다. 창세기 22장을 보면, 하나님이 아브라함에게 사랑하는 독자 이삭을 번제로 바치라고 하시자 아브라함은 하나님의 말씀에 순종했습니다. 그러나 결정적인 순간에 하나님이 막으셨습니다. 여기서 우리가 주목할 부분이 아브라함의 아들 이삭의 순종입니다. 성경을 아무리 읽어도 이삭이 아버지가 자신을 번제로 드리는 행동에 반항했다는 기록이 없습니다. 그는 아버지에게 순종했습니다.

모리아산은 효도의 현장이었습니다. 아버지 아브라함은 하늘에 계신 하나님 아버지의 말씀에 순종하는 영적인 효자였고, 아브라함의 아들 이삭은 육신의 아버지인 아브라함의 말에 순종한 효자였습니다. 하나님은 그 현장을 축복해 주셔서 솔로몬을 통해 모리아산에 하나님과 인간이 만나는 귀한 장소인 예루살렘 성전을 지으셨습니다. 하나님은 순종한 아브라함에게 "내가 네게 큰 복을 주고 … 네 씨로 말미암아 천하 만민이 복을 받으리니"라고 약속하셨습니다(창 22:17-18).

무엇보다 우리의 섬김의 본이 되시는 예수님은 어떠하셨습니까? 그분은 묵묵히 순종함으로 하나님 아버지의 뜻을 행하셨습니다. 십자가를 앞두고 오르신 겟세마네 동산에서도 "나의 원대로 마시옵고 아버지의 원대로 하옵소서"(마 26:39)라고 기도하셨습니다. 그 후 골고다 언덕 십자가상에서 하나님 아버지의 뜻을 이루셨습니다.

더욱이 예수님은 육신의 부모님께도 효도하셨습니다. 어릴 때는 물론, 손과 발이 십자가에 못 박혀 피 흘려 죽어 가는 현장에서도 비록 육신의 어머니였지만 효도하신 모습을 볼 수 있습니다. "여자여 보소서 아들이니이다"(요 19:26). 여기서 '여자여'라는 호칭은 당시 극존칭이었습니다. 어머니를 높여 부르면서 사랑하는 제자 요한에게 어머니를 맡겨 드리신 것입니다. 그러시고는 요한에게는 "네 어머니라"(요 19:27) 하셨습니다.

오늘날 부모를 거역하는 세태를 보면 정말 안타깝습니다. 디모데후서 3장을 보면, 말세에 고통하는 때가 이르는데, 다음과 같은 현상이 나타난다고 기록되어 있습니다. "사람들이 자기를 사랑하며 돈을 사랑하며 자랑하며 교만하며 비방하며"(딤후 3:2). 그러면서 바로 이어서 나오는 현상이 부모를 거역하는 것입니다. 오늘날 부모를 거역함으로 많은 가정이 어려움을 겪고 있습니다. 자기 외의 권위를 인정하지 않는 세대입니다. 부모를 사랑해야 하는데 자기를 사랑하고, 재물을 사랑합니다. 만약 우리에게 부모를 공경하지 않는 모습이 있다면 돌이켜야 할 것입니다.

약속이 있는 첫 계명은 "부모를 공경하라"입니다. 물론 부모님 중에 나에게 많은 상처를 주거나 지울 수 없는 어려움을 주신 분이 있을지도 모릅니다. 그래서 우리는 더더욱 하나님의 계명에 순종해야 합니다. 만약 부모를 공경하는 일이 당연한 것이라면 하나님이 우리에게 명령하시지 않았을 것입니다. 그럼에도 더 사랑하고, 다시 사랑하고, 또 용납하고, 끝까지 품는 은혜가 필요합니다. 내게 주신 것으로 부모님을 귀하게 섬기는 우리가 되기를 바랍니다.

특별히 부모님이 아직 구원받지 못했다면 말과 행실을 통해, 사랑과 기도를 통해 복음을 전하기 바랍니다. 이 땅에서 아무리 장수하셔도 죽음 이후에 심판대에 서서 영원한 멸망에 빠진다면 얼마나 안타깝겠습니까.

예수님이 보이신 본을 받아 우리를 낳아 주시고 길러 주신 부모님의 눈물과 땀과 헌신을 기억하며 공경할 때 잘되고 땅에서 장수하리라는 하나님의 약속의 말씀이 우리의 것이 될 것입니다.

삶에서 드리는 나의 대답 ✍️

🖐 일상의 감사

감사가 삶이 되었는지를 묻는 질문,
"그 아홉은 어디 있느냐?"

우리가 하나님을 믿고 자유롭고 안전하게 예배를 드릴 수 있는 것은 정말 놀라운 은혜입니다. 지금도 전 세계에 신앙을 가지고 있지만 공개적으로 예배드리지 못하는 수많은 핍박받는 그리스도인이 있습니다. 언젠가 한 선교사님이 이라크에서 이슬람 극단주의자들이 그리스도인들을 잔인하게 핍박하고 있다며 중보 기도를 부탁하셨습니다. 우리는 그들을 위해 중보 기도함과 동시에 하나님이 우리에게 베풀어 주신 놀라운 은혜와 축복에 감사드려야 합니다.

기독교 절기 중에 하나인 '맥추감사절'은 한 해의 첫 소산을 주신 하나님께 감사하는 절기입니다. 이날 우리는 지난 6개월을 돌아보면서 하나님이 얼마나 큰 은혜를 베풀어 주셨는지를 생각하며 감사하고, 또 남은 6개월도 하나님이 이루실 것을 기대하면서 미리 감사합니다.

우리가 받은 은혜와 축복은 나의 지식이나 경험, 이 세상에서 비롯한 것이 아니라 살아 계신 하나님으로부터 말미암았습니다. "그러나 내가 나 된 것은 하나님의 은혜로 된 것이니 내게 주신 그의 은혜가 헛되지 아니하여 내가 모든 사도보다 더 많이 수고하였으나 내가 한 것이 아니요 오직 나와 함께하신 하나님의 은혜로라"(고전 15:10). 우리의 삶 가운데 만약 이 고백이 회복된다면 많은 변화를 경험하게 될 것입니다. 교회가 이 고백을 다시 하기 시작한다면 교회는 많이 달라질 것입니다. 하나님이 내게 주신 생명, 가정, 건강, 물질, 모든 것을 하나님이 주셨다는 감사의 고백이 우리에게는 필요합니다.

예수님은 예루살렘으로 가실 때 사마리아와 갈릴리 사이로 지나가시게 되었습니다. 그때 한 마을에 들어가시니 나병 환자 10명이 예수님께 "예수 선생님이여, 우리를 불쌍히 여기소서" 하고 큰 소리로 부르짖었습니다.

구약 율법에 의하면 나병은 저주받은 병으로, 죄로 말미암은 병이었습니다. 오늘날은 완치가 가능하지만 당시에는 전염성이 있는 데다 치료법이 없어서 다른 사람과 격리되어야 하는 불치병이었습니다. 살이 썩어서 육체적으로도 힘들고 보기에도 흉측했습니다. 나병에 걸린 사람은 관계적으로 단절되는 아픔까지 경험해야 했습니다. 게다가 하나님의 저주를 받아서 생긴 병이라는 인식 때문에 영적인 곤고함과 두려움에 사로잡히기도 했습니다. 즉 나병은 총체적으로 힘든 병이었습니다. 그런 이유로 나병 환자들은 예수님께 가까이 가지 못하고 자신들을 불쌍히 여겨 달라고 큰 소리로 부르짖었던 것입니다.

그때 예수님은 그들에게 "가서 제사장들에게 너희 몸을 보이라"(눅 17:14)고 말씀하셨습니다. 당시 나병이 나았음을 확증해 주는 사람이 제사장이었습니다. 즉 예수님께는 나병 환자들을 고쳐 주겠다는 계획이 이미 있었던 것입니다. 10명의 나병 환자들은 제사장에게 보이러 가는 중에 치유함을 받아 깨끗해졌습니다.

그때 그중에 한 사람이 자신이 나은 것을 보고는 큰 소리로 하나님께 영광을 올려 드리면서 돌아와 예수의 발아래 엎드려 감사를 드렸습니다. 그는 사마리아 사람이었다고 성경은 이야기합니다(눅 17:16). 하나님의 말씀을 잘 알고 있는 유대인들도 주님께 감사하며 하나님께 영광을 올려 드리지 않았는데, 당시에 배척받고 멸시받은 사마리아 사람은 달랐습니다.

그런 그에게 주님은 사명자가 답해야 할 열여섯 번째 영적 질문을 던지셨습니다. "열 사람이 다 깨끗함을 받지 아니하였느냐 그 아홉은 어디 있느냐 이 이방인 외에는 하나님께 영광을 돌리러 돌아온 자가 없느냐"(눅 17:17-18). 그러시고는 그에게 "일어나 가라 네 믿음이 너를 구원하였느니라"(눅 17:19)라고 말씀하셨습니다. 감사하면 감사의 조건이 더 늘어납니다. 감사하니까, 하나님께 영광을 올려 드리니까 하나님이 더 큰 축복을 주시는 것입니다. 예수님은 감사한 나병 환자에게 육신이 치유받는 것을 넘어서 영혼이 구원받는 놀라운 은혜를 허락해 주셨습니다.

우리는 그리스도인으로서 하나님 앞에 마땅히 감사해야 합니다. 어떻게 감사가 가능합니까? 믿음이 있으면 감사할 수 있습니다. 사마리아 사람에게는 믿음이 있었고, 그 믿음이 그를 구원했습니다. 우리는 감사로써 우리의 믿음이 진짜인지를 알 수 있습니다. 입술로만 믿는다고 고백하는 것이 아니라 진짜 믿는다면 감사를 고백하게 됩니다.

십자가 복음의 은혜가
모든 상황을 덮어 준다

9명이 제 갈 길을 갔는데 단 한 명만 돌아와 예수님의 발아래 엎드려 감사했습니다. 그만큼 감사는 어려우며 특별합니다. 그러나 하나님의 은혜를 경험한 우리는 축복을 잘 마무리 짓기 위해 감사해야 합니다. 축복이 축복 되기 위해서는, 축복이 더 큰 축복을 낳기 위해서는 감사해야 하는 것입니다.

인생을 살면서 행복했던 순간을 돌아보십시오. 그 행복이 어디서 왔습니까? 감사에서 비롯했습니다. 감사하면 행복하고, 감사를 고백하면 기쁩니다.

매사에 불평하는 사람들이 있습니다. 그러나 매사에 감사하는 사람들도 있습니다. 주님은 우리에게 "범사에 감사하라"(살전 5:18)고 말씀하십니다. 똑같은 상황과 환경인데 어떤 사람은 불평해 마음이 어둡습니다. 그러나 감사하면 기쁨과 행복이 있고,

하나님이 더 큰 감사를 주십니다. '범사'라는 말은 예외가 없다는 뜻입니다. 모든 형편에서 하나님의 은혜에 감사할 수 있어야 합니다.

특히 하나님이 우리의 육신을 치유해 주시고, 우리의 기도에 응답해 주시고, 우리의 부르짖음에 역사하셨기 때문에 감사하는 것과 동시에 하나님이 나에게 복음의 메시지를 주셨다는 사실 하나만으로도 감사할 수 있어야 합니다. 사실 우리는 육신의 나병뿐만이 아니라 영적인 나병으로 말미암아 하나님과 완전히 단절되어서 영원히 죽을 수밖에 없는 인생이었습니다. 그러나 하나님이 우리를 사랑하셔서 우리를 구원해 주신 것입니다.

주님의 복음과 십자가를 묵상할 때마다 하나님의 그 크신 사랑이 우리의 모든 상황과 환경을 덮습니다. 힘들 때도, 곤고할 때도, 절망스러울 때도, 너무 힘에 부쳐서 눈물이 나올 때도 주님이 나를 위해 행하신 십자가 복음의 은혜를 생각하면 감격스럽습니다. 수많은 인생 중에 나를 먼저 부르셔서 나의 삶을 인도하시고 사용해 주시니 얼마나 감사합니까.

언젠가 송정미 교수님이 금요집회에 오셔서 귀한 찬양으로 하나님 앞에 영광을 올려 드리셨습니다. 그날 집회가 평소보다 조금 늦게 끝났기 때문에 특송을 한 후 먼저 가신 줄 알았는데, 끝까지 집회에 참석하셨습니다. 이유를 물으니 하나님의 은혜에 감사해서 갈 수가 없었다고 고백하셨습니다. 송 교수님은 찬양하면서 전 세계를 다니고, 복음을 위해서 애쓰는 분들을 찬양으로 위로하고 격려하고 축복하는 일을 하나님이 사명으로 주셨다고 하셨습니다. 그러면서 간증을 하셨습니다.

송 교수님은 아직도 목에 혹이 있는데, 그 혹 때문에 원래는 찬양을 할 수가 없었습니다. 과거에 하나님 앞에 이 혹을 없애 달라고 기도했는데, 하나님이 혹을 없애 주시면 자기 힘으로 노래할 것 같고, 자기를 자랑할 것 같으니까 이를 아신 하나님이 혹을 없애는 대신에 영으로 찬양할 수 있는 은혜를 주셨다고 하셨습니다. 모든 상황에서 찬양하면서 하나님 앞에 영광을 올려 드릴 수 있어서 모든 것이 감사라고 덧붙이셨습니다.

그리고 얼마 전에는 카네기홀에서 단독으로 하나님을 찬양했다고 하셨습니다. 한국인 중에 카네기홀에 선 사람은 단 6명이라고 합니다. 6명 중에 CCM 복음 사역자로서는 최초로 카네기홀에 서서 3천 석 가까운 좌석을 다 채우고 하나님께 영광을 올려 드리셨습니다. 그러면서 고백하기를, 자신보다 실력 있는 수많은 사람 중에서 하나님이 자신을 세워서 하나님을 찬양하게 하신 이유는 하나님의 은혜를 간증하게 하시기 위해서라고 하셨습니다.

살리는 질문, 사는 대답

"하나님,
감사합니다"

우리를 약한 가운데서도 강하게 하시는 것은 하나님의 은혜입니다. 주님의 십자가 사랑을 생각하면 우리의 자아상이 밝아지고, 무너졌던 자존감이 세워집니다. 내가 얼마나 가치 있는 존재이며, 얼마나 감사한 삶을 살고 있는지를 생각해야 합니다. 나의 인생이 얼마짜리입니까? 주님의 사랑을 깨달으면 내 인생은 백 원짜리나 천 원짜리, 만 원짜리가 아니라 바로 '예수님짜리'라는 사실을 알게 됩니다. 예수님은 사랑하는 나를 대신해 십자가에서 보배로운 피를 흘리고 죽으심으로 나의 죄를 사하셨습니다.

우리에게는 천국 본향이 있습니다. 하나님이 우리가 돌아갈 처소를 예비해 두신 것입니다. 이 땅에서 불쌍한 인생은 돌아갈 집이 없는 사람입니다. 비록 이 땅에서 나그네 인생을 살아도, 어디에서 어떤 모습으로 살든 우리에게는 돌아갈 본향이 있고, 주님이 영원히 함께하겠다고 약속하셨습니다. 그러므로 우리는 언제든지, 어느 곳에서든지 주님의 은혜에 감사하며 하나님께 영광을 올려 드려야 합니다.

'맥추절'은 처음 결실한 열매를 주께 드리는 절기이기 때문에 '초실절'이라고도 불리며, '오순절'이라고도 합니다. 사도행전 2장을 보면 오순절 날 성령이 임하셨습니다. 성령은 하나님이십니다. 성령은 하나님이 우리에게 부어 주기 원하시는 것 중에 가장 좋은 것입니다. 예수님은 "구하라 그러면 너희에게 주실 것이요 찾으라 그러면 찾아낼 것이요 문을 두드리라 그러면 너희에게 열릴 것이니 … 하물며 너희 하늘 아버지께서 구하는 자에게 성령을 주시지 않겠느냐"(눅 11:9-13) 하셨습니다. 하나님께 감사하는 절기에 하나님이 가장 좋은 것, 즉 성령을 보내 주신 것입니다. 이처럼 감사하는 자에게 하나님은 매우 좋은 것을 예비해 두셨습니다.

우리의 과거의 삶을 인도하신 하나님 앞에 감사하고, 특별히 나를 구원하시고 이제까지 인도하신 하나님 앞에 감사합시다. 하나님 앞에 영광을 올려 드릴 때 하나님이 놀라운 은혜와 축복을 우리 가운데 더해 주실 것입니다. 하나님은 우리 한 사람, 한 사람을 친히 인도하십니다. 앞으로의 삶 가운데서도 하나님은 하나님의 은혜로 우리를 인도하실 것입니다.

삶에서 드리는 나의 대답 ✍️

참 예배자

왕이신 하나님께 예배하고 있느냐는 질문,
"여호와의 산에 오를 자 누군가?"

시편 24편의 핵심 주제는
"왕이신 하나님을 예배하라"입니다. 시편은 하나님을 예배하고
하나님 앞에 영광을 올려 드리는 많은 찬송시로 가득차 있습니
다. 그러나 그중에서 특별히 시편 24편은 다윗이 하나님의 법궤
가 예루살렘으로 들어올 때 지은 시로 알려져 있습니다.

본문에 이어지는 7절을 보면, 하나님은 다윗을 통해서 이렇게
고백하게 하셨습니다. "문들아 너희 머리를 들지어다 영원한 문들
아 들릴지어다 영광의 왕이 들어가시리로다." 마지막 절인 10절
도 마찬가지로, "영광의 왕이 누구시냐 만군의 여호와께서 곧
영광의 왕이시로다"라는 말로 하나님을 찬양합니다. 그동안 블
레셋 진영 여기저기를 떠돌아다닌 하나님의 법궤가 예루살렘성
에 들어올 때 성문을 활짝 열고 모셔 들인 것입니다.

우리 하나님은 왕이십니다. 놀랍게도, 다윗은 이스라엘 백성
의 왕이었지만 결단코 자신이 왕이라고 생각하지 않았습니다.
그는 자신도 오직 하나님의 백성이라고 생각했습니다. 이스라
엘의 정치적인 왕이었는지는 모르지만 다윗은 하나님을 왕으로
섬기는 하나님의 백성이었습니다. 우리도 마찬가지입니다. 나

의 인생의 왕은 내가 아니라 하나님이 되십니다. 내 가정의 왕은 남편이나 아내가 아니라 하나님이 되십니다. 교회의 왕도 하나님이시고, 이 나라의 왕도 하나님이시고, 온 우주 만물의 왕도 하나님이십니다.

그렇다면 왜 하나님이 우리의 왕이 되십니까? 하나님이 모든 만물을 창조하셨고, 주인 되시기 때문입니다. 지금도 그분은 다스리고 통치하십니다. 그 말씀이 1-2절에 나옵니다. "땅과 거기에 충만한 것과 세계와 그 가운데에 사는 자들은 다 여호와의 것이로다 여호와께서 그 터를 바다 위에 세우심이여 강들 위에 건설하셨도다." 하나님이 땅과 거기 충만한 모든 것을 지으셨습니다. 이 세계와 그 가운데 사는 모든 자를 하나님이 창조하셨고 다스리십니다. 우리의 주인은 하나님이십니다. 하나님이 터와 기초를 지으신 것입니다.

하나님이 왕이시라는 고백은 "하나님 외에는 왕이 없다"는 의미입니다. 하나님이 주인이시라는 고백은 "하나님 외에는 어떤 것도 주인이 될 수 없다"는 뜻입니다. 마음의 왕좌에 하나님이 계신 것으로, 모든 주권과 뜻이 하나님께 맞추어져 있는 것입니다.

그런데 왕이신 하나님이 무슨 일을 하십니까? 3절에 의하면 사람을 찾고 계십니다. "여호와의 산에 오를 자가 누구며 그의 거룩한 곳에 설 자가 누구인가." 지금도 살아 있는 왕이신 하나님은 '여호와의 산에 오를 자'와 '거룩한 곳에 설 자'를 찾고 계십니다. 둘은 같은 의미로서, 한마디로 왕이신 하나님은 예배하는 자를 찾고 계시는 것입니다.

여기서 '여호와의 산'은 이스라엘 백성에게는 매우 신비로운 장소였습니다. 하나님과 인간이 만나고 인간이 하나님을 예배하는 기적의 장소였습니다. 여호와의 산도 소유권과 주권은 하나님께 있습니다. 유대인들에게 있어서는, 여호와 하나님이 특별히 구분하신 여호와의 산이 일차적으로는 시온산이었습니다. 왜냐하면 시온산 언덕 위에 성전을 지었기 때문입니다. 그곳에 하나님을 예배하고, 경배하고, 찬양하며 하나님께 영광을 돌리는 장소인 성소와 지성소가 있었습니다.

특히 이 말씀은 여호와의 산에 올라간다고 표현합니다. 하나님께 예배하기 위해서 행진하는 모습을 보여 줍니다. 누가 하나님을 예배할 수 있습니까? 누가 하나님의 산에 올라갈 수 있습니까? 누가 거룩한 곳에 설 수 있습니까? 인간의 힘으로는 불가능합니다. 어느 인간이 거룩하신 하나님 앞에 설 수 있겠습니까? 출애굽기를 보면, 하나님이 시내산에 강림하셨을 때도 어떠한 인간도 산에 올라가지 못했습니다. 하나님은 빽빽한 구름과 불 가운데 강림하셨습니다. 그때 모세 역시 하나님의 은혜로 말미암아 그 산에 올라갔습니다. 우리가 거룩하신 하나님께 예배드릴 수 있는 이유는 하나님의 은혜 때문입니다.

많은 사람이 하나님께 다가가고자 수양을 쌓고, 노력하고, 최선을 다해 공을 들입니다. 온갖 노력을 다해 사람들에게 귀감을 줄지는 몰라도 하나님 앞에서는 아무것도 아닙니다. 왜냐하면 모든 사람이 죄를 범해 하나님 앞에 의롭게 설 수 있는 자가 아무도 없기 때문입니다. 그러나 우리는 은혜로 하나님을 예배합니다. 우리가 산에 올라갈 수 없으니까 하나님이 친히 내려오셔서 우리의 죄를 씻어 주심으로 우리를 구원해 주신 것입니다. 우리에게 예배할 수 있는 복을 주신 것입니다. 5절은 이에 대해 "그는 여호와께 복을 받고 구원의 하나님께 의를 얻으리니"라고 말합니다. 여호와께로부터 복이 임하고, 구원의 하나님으로부터 의를 얻는 것입니다. 복과 의의 출처는 하나님이십니다.

나의 자랑으로 되는 것이 아닙니다. 나는 절대로 하나님 앞에 나아갈 수 없는데, 하나님의 아들이신 예수님이 이 땅에 오셔서 십자가에 달려 피 흘려 죽으심으로 나의 모든 죗값을 대신 치르신 것입니다. 우리는 주님을 믿는 믿음으로, 하나님의 은혜와 사랑으로 말미암아 담대히 하나님 앞에 나아갑니다.

예배자에게 필요한
4가지 자세

그런데 시편 24편은 예배하는 사람에게는 삶이 뒤따라야 한다는 것을 보여 줍니다. "여호와의 산에 오를 자가 누구며 그의 거룩한 곳에 설 자가 누구인가 곧 손이 깨끗하며 마음이 청결하며 뜻을 허탄한 데에 두지 아니하며 거짓 맹세하지 아니하는 자로다"(3-4절). 첫째, 손이 깨끗하고, 둘째, 마음이 청결하고, 셋째, 뜻을 허탄한 데 두지 않고, 넷째, 거짓 맹세하지 않는다는 것입니다.

손이 깨끗해야 한다

첫째로, 손이 깨끗해야 한다는 말은 반대로 손이 더러운 자들이 있다는 의미입니다. 죄에 손을 담그지 말고 하나님의 기쁨이 되는 자리에 우리의 손을 써야 합니다. 마음은 내면에 있습니다. 반면에 손은 외적인 삶, 즉 인간의 모든 행위를 대표합니다. 우리는 얼마든지 손으로 죄를 범함으로써 하나님의 이름을 욕되게 할 수 있습니다. 그러나 우리의 손으로 하나님께 영광을 올려 드릴 수도 있습니다. 진정 하나님이 기뻐하시는 예배자가 되기 위해서는 손이 깨끗해야 합니다.

인류 최초의 범죄자인 아담과 하와는 손을 들어서 선악과를 따 먹었습니다. 그로써 하나님과 인간 사이가 단절되고 말았습니다. 최초의 살인자 가인은 손을 들어서 돌로 아우 아벨을 쳐죽였습니다. 둘 다 손을 들어서 죄를 지은 것입니다.

우리의 손은 깨끗합니까? 우리의 손으로 하나님께 영광을 올려 드리고 있습니까? 우리는 우리의 손을 불의의 무기로 드리는 것이 아니라 의의 무기로 하나님께 드려야 합니다(롬 6:13). 손을 들고 죄를 범하는 것이 아니라, 손을 들고 축복하고 하나님 앞에 영광을 올려 드리십시오. 레위기 9장을 보면, 아론이 손을 들어 이스라엘 백성을 축복하는 장면이 나옵니다. 참된 예배자, 하나님이 찾으시는 예배자는 손을 들어 축복하는 사람입니다. 손을 들어서 자녀도 축복하고, 가족도 축복하고, 성도들도 축복하고, 이 세상을 축복하고, 열방을 축복하십시오.

누가복음의 마지막 장인 24장을 보면, 예수님이 승천하시기 전에 마지막으로 하신 일이 있습니다. 바로 제자들을 불러놓고 손을 들어 축복하신 것입니다(눅 24:50-51). 손을 들고 제자들을 축복하신 일로 예수님의 지상에서의 사역이 마무리되었습니다. 우리의 손을 통해서 축복이 흘러가야 합니다. 우리는 손을 들고 하나님을 예배하고 하나님 앞에 기도할 수 있습니다.

출애굽기 17장에서, 이스라엘 백성이 아말렉 군사들과 싸울 때 승리한 비결이 있습니다. 그 비결은 전술이나 군사들의 용맹함, 무기, 사람의 숫자가 아니었습니다. 모세가 산 위에 올라가 두 손을 들고 기도할 때 하나님이 이스라엘 백성으로 하여금 이기게 하셨습니다. 피곤해서 손이 내려오면 아말렉 군사에게 패했기에 아론과 훌이 모세의 양쪽 팔을 받쳐서 해가 지도록 손이 내려오지 않게 했습니다. 마침내 이스라엘 백성은 전쟁에서 승리했습니다.

두 손을 들고 기도할 때 승리의 역사가 있습니다. 삶 가운데 어려움과 염려, 절망이 있다면 두 손 들고 기도하십시오. 살아 계시고 우리의 왕 되신 하나님이 역사하실 것입니다. 시편 곳곳을 보면, "너희는 두 손을 들고 성소를 향해, 하나님 앞에 부르짖으라"라고 말합니다. 하나님 앞에 영광을 올려 드리는 깨끗한 손이 되어야 합니다. 그 사람이 바로 예배자입니다.

마음이 청결해야 한다

둘째로, 예배자는 마음이 청결해야 합니다. 하나님께 예배 드리는 사람은 마음이 매우 중요합니다. 그 이유는 예수님이 우리 마음 가운데 오셨기 때문입니다. 예수님을 나의 왕으로 영접한 우리 마음은 깨끗해야 합니다. 산상수훈이 기록된 마태복음 5장 8절은 "마음이 청결한 자는 복이 있나니 그들이 하나님을 볼 것임이요"라고 말합니다. 우리는 마음을 청결하게 가꾸며 지켜야 합니다. 잠언 4장 23절도 "모든 지킬 만한 것 중에 더욱 네 마음을 지키라 생명의 근원이 이에서 남이니라"라고 말합니다.

그런데 예배를 드리면서도 마음을 지키는 일은 결코 쉽지 않습니다. 왜냐하면 마음은 내가 표현하지 않으면 보이지 않기 때문입니다. 주일에 성전에 나와서 예배드릴 때 우리는 주로 겉모습에 신경을 많이 씁니다. 사람들의 시선이 의식되기 때문입니다. 그런데 하나님은 우리의 마음을 보십니다. 눈에 보이는 것에 신경 쓰다가 예배에 실패할 수 있습니다. 우리는 보이지 않는 하나님을 예배합니다.

요한복음 4장 24절을 보면, "하나님은 영이시니 예배하는 자가 영과 진리로 예배할지니라"라고 말합니다. 참된 예배는 영과 진리로 드려야 합니다. 예루살렘 시온산에 가서 예배드려야 하는 것이 아닙니다. 오늘날에도 유대인들은 통곡의 벽에 최대한 가까이 가서 통곡하며 몸을 흔들면서 기도하고 있습니다. 그러나 하나님의 성전은 눈에 보이는 곳에 있는 것이 아닙니다. 중심을 보시는 하나님께 중심을 드리는 사람이 참된 예배자입니다. 사실 마음이 깨끗한 사람이 손을 깨끗하게 할 수 있습니다.

내 마음의 중심을 하나님 앞에 드리고 있습니까? 세상의 욕심, 교만, 음란, 미움의 생각들을 계속해서 허용해서는 안 됩니다. 진정한 예배자는 마음이 청결해 하나님께 그 마음을 드릴 수 있어야 합니다. 성경에서 가장 큰 계명은 "하나님을 사랑하라"입니다. 우리는 하나님을 마음 다해 사랑해야 합니다.

뜻을 하나님께 두라

셋째로, 왕 되신 하나님이 찾으시는 참된 예배자는 뜻을 허탄한 데 두지 않는 자입니다. 가치 없는 일, 열매 없는 일에 뜻을 두어서는 안 됩니다. 한마디로, 우상 숭배하지 말라고 하신 것입니다.

살리는 질문, 사는 대답

그렇다면 우리의 뜻을 어디에 두어야 합니까? 세상의 허탄한 곳에 두지 말고 하나님이 원하시는 뜻에 두어야 합니다. 하나님이 기뻐하시는 것, 하나님의 말씀, 하나님의 명령에 나의 뜻을 두는 사람이 예배자입니다. 그런 사람이 여호와의 산에 오르고 거룩한 곳에 선다고 하나님은 말씀하십니다.

하나님을 섬겼던 많은 사람이 뜻을 정했습니다. 다니엘 1장을 보면 다니엘은 뜻을 정해서 왕의 음식과 포도주를 먹지 않기로 했습니다(단 1:8). 또한 하루에 세 번씩 하나님 앞에 기도하기로 뜻을 정했습니다(단 6:10). 나의 뜻과 계획과 소원이 있으나 우리는 하나님의 뜻이 있다는 사실을 기억해야 합니다. 내 뜻과 하나님의 뜻이 다를 수 있습니다. 그러나 우리는 내 뜻이 아니라 하나님의 뜻을 구해야 합니다.

예수님은 십자가를 앞두고는 겟세마네 동산에서 기도하실 때 "나의 원대로 마시옵고 아버지의 원대로 하옵소서"(마 26:39)라고 말씀하셨습니다. 바로 이것이 기도요, 예배입니다. 처음에는 내 뜻이 있을 수 있습니다. 그러나 예배하고 기도하면서 하나님을 바라보고 찾으면 어느새 내 뜻은 사라지고 하나님의 뜻이 이루어져 갑니다. 그러한 사람이 바로 참된 예배자입니다.

그렇다면 하나님의 뜻이 무엇입니까? 성경 곳곳을 보면 하나님의 뜻이 기록되어 있습니다. 대표적으로 데살로니가전서 5장 16-18절은 "항상 기뻐하라 쉬지 말고 기도하라 범사에 감사하

라 이것이 그리스도 예수 안에서 너희를 향하신 하나님의 뜻이
니라"라고 말합니다.

우리는 하나님의 뜻대로 비록 어렵지만 항상 기뻐해야 합니
다. 다윗은 여호와의 법궤가 성안에 들어올 때 하나님 안에서 춤
추며 기뻐했습니다. 믿음이 있어야 기뻐할 수 있습니다. 또한 쉬
지 말고 기도하는 것이 하나님의 뜻입니다. 이 일은 믿음 없이는
불가능합니다. 기도를 응답하시는 하나님에 대한 확실한 믿음
이 있어야 기도할 수 있습니다. 범사에 감사하는 것도 하나님의
뜻입니다. 환경을 초월한 믿음이 있어야 감사할 수 있습니다.

수많은 하나님의 뜻 가운데 특별히 중요한 하나님의 뜻이 있
습니다. 바로 하나님의 말씀을 전하는 것입니다. 예수님은 "내
가 하늘에서 내려온 것은 내 뜻을 행하려 함이 아니요 나를 보
내신 이의 뜻을 행하려 함이니라 나를 보내신 이의 뜻은 내게
주신 자 중에 내가 하나도 잃어버리지 아니하고 마지막 날에 다
시 살리는 이것이니라"(요 6:38-39)라고 말씀하셨습니다.

하나님이 나에게 맡겨 주신 영혼에게 복음을 전파하고 그 영
혼을 살리는 것이 주님의 뜻입니다. 하나님은 그 뜻을 우리에게
도 보이셨고 맡겨 주셨습니다. "그러므로 너희는 가서 모든 민
족을 제자로 삼아 아버지와 아들과 성령의 이름으로 세례를 베
풀고 내가 너희에게 분부한 모든 것을 가르쳐 지키게 하라 볼지
어다 내가 세상 끝날까지 너희와 항상 함께 있으리라"(마 28:19-20)

라는 주님의 지상 명령입니다. 우리는 결단코 허탄한 데 뜻을
두지 말고 하나님의 말씀에 뜻을 두어 때를 얻든지 못 얻든지
온 천하를 다니며 하나님의 말씀을 전파해야 합니다.

신실한 자가 되라

넷째로, 하나님이 찾으시는 참된 예배자는 거짓 맹세하지 말
아야 합니다. 다시 말해, 신실하라는 의미입니다. 지키지 못할
약속이라면 맹세하지 말아야 합니다. 사탄은 거짓의 아비입니
다. 우리는 거짓말하는 사탄의 모습을 따라가서는 안 됩니다. 과
거에 이스라엘 백성은 종종 자신의 말을 믿어 달라면서 "하나님
의 이름으로 맹세한다"는 표현을 사용했습니다. 이처럼 나의 유
익을 위해서 하나님을 이용하거나 하나님의 이름을 경홀히 여
겨서는 안 됩니다.

우리는 어떻습니까? 하나님 앞에 드린 약속이나 다짐, 결단,
서원이 있습니까? 혹시 지키지 못한 약속이 있는지 반드시 살펴
보고 지키십시오. 우리는 주의 뜻을 이루고자 몸부림쳐야 합니
다. 내 삶과 입술에 신실함이 있게 해 달라고 기도하며 애쓰는
자가 참된 예배자입니다.

"나의 예배가

하나님께 참되게 드려지기 원합니다"

여호와의 산에 오를 자가
누구입니까? 손이 깨끗하고, 마음이 청결하고, 뜻을 허탄한 데
두지 않고, 거짓 맹세하지 않는 자입니다. 한마디로, 온 삶을 왕
되신 하나님께 내어 맡기는 사람입니다. 나의 마음과 입술의 고
백과 모든 행함과 뜻을 하나님께만 집중하는 사람입니다. 본문
6절은 그를 가리켜 "이는 여호와를 찾는 족속이요 야곱의 하나
님의 얼굴을 구하는 자로다"라고 말합니다. 하나님을 갈망하고
의지하는 자인 것입니다.

여호와의 산에 오른 대표적인 인물이 있습니다. 믿음의 조상
아브라함입니다. 창세기 22장을 보면, 아브라함은 사랑하는 독
자 이삭을 데리고 모리아산으로 올라갔습니다. 모리아산이 바
로 시온산입니다. 아브라함이 이삭을 제물로 바치려 했던 곳에
하나님이 성전을 세우신 것입니다. 그곳이 여호와의 산이 되게
하셨습니다. 아브라함이 어떻게 하나님을 예배했습니까? 독자
이삭을 사랑했지만 하나님보다 사랑하지는 않았습니다. 어떻게
보면 아들 이삭은 아브라함의 인생에 왕이었을지 모릅니다. 그
러나 아브라함은 왕 되신 하나님의 말씀에 순종했습니다.

하지만 손을 들어 이삭을 주 앞에 제물로 바치려 할 때 주님이
막으셨습니다. "아브라함아 아브라함아 하시는지라 아브라함이

이르되 내가 여기 있나이다 하매 사자가 이르시되 그 아이에게 네 손을 대지 말라 그에게 아무 일도 하지 말라 네가 네 아들 네 독자까지도 내게 아끼지 아니하였으니 내가 이제야 네가 하나님을 경외하는 줄을 아노라"(창 22:11-12). 그리고 하나님은 수풀에 걸려 있는 숫양을 보여 주셨습니다. 아브라함은 그곳 이름을 '여호와 이레', 즉 '여호와의 산에서 준비되리라'라고 불렀습니다.

주님 외에 왕으로 삼은 모든 것을 내려놓을 때 왕이신 하나님이 우리에게 베풀어 주시는 놀라운 축복을 누릴 수 있습니다. 왕이신 하나님을 바라보며 그분의 이름을 높여 드리면서 우리의 예배가 참되게 하나님 앞에 드려지기를 바랍니다. 손이 깨끗하고, 마음이 청결하고, 뜻을 하나님께 두고, 신실한 자가 되어 왕이신 하나님이 주시는 놀라운 복을 경험하는 우리가 되기를 바랍니다.

삶에서 드리는 나의 대답 ✎

_____

_____

_____

_____

🖐 두려움을 이기는 사랑

영혼을 살리는 사랑의 질문,
"네가 나를 사랑하느냐?"

이 장에서는 사명자에게 던지시는 마지막 영적 질문으로, "네가 나를 사랑하느냐?"라는 주님의 질문을 나누고자 합니다. 여기에는 2가지 메시지가 있습니다. 첫째는 주님이 나를 사랑하신다는 것이며, 둘째는 주님의 사랑을 경험하면 내가 주님의 사랑에 반응해야 한다는 것입니다.

첫째로, 주님은 나의 이름을 아시고 나를 정말 사랑하십니다. 예수님은 베드로에게 "네가 나를 사랑하느냐?"라고 물으셨습니다. 베드로를 사랑하시기 때문에 질문하신 것입니다. 예수님의 관심은 베드로를 향한 사랑에 있었습니다. 하나님은 우리를 향해서도 마찬가지로, 우리를 너무나 사랑하시기에 십자가에서 죽으셨습니다.

예수님이 십자가를 향해 가시는 길에 베드로는 그분을 세 번이나 부인했습니다. 심지어 예수님을 배반하고 저주까지 했습니다. 주님의 사랑을 깨닫지 못하고, 자신을 살리기 위해 십자가에 달리신 주님을 외면했던 것입니다. 주님이 죽으실 때 베드로에게는 부활에 대한 믿음이 없었습니다. 그래서 예수님이 죽으시자 다른 제자들과 함께 옛 삶의 터전인 갈릴리로 가서 그물을 내리면서 물고기를 잡았습니다.

그런데 예수님은 베드로와 제자들을 끝까지 사랑하셨습니다. 따라서 죽으시고 부활하셔서 다시 갈릴리 바다로 찾아가 바닷가에 서셨습니다. 제자들은 밤새도록 그물을 던졌는데 한 마리의 물고기도 잡지 못했습니다. 주님 없는 삶은 공허하고 헛될 뿐입니다.

주님은 "애들아 너희에게 고기가 있느냐?"라고 물으셨습니다. 그러자 그때까지만 해도 예수님을 알아보지 못했던 제자들은 "없나이다"라고 답했습니다. 주님은 제자들에게 "그물을 배 오른편에 던지라. 그리하면 잡으리라"고 말씀하셨습니다. 제자들이 주의 말씀에 순종했을 때 그물을 들 수 없을 만큼 많은 물고기가 잡혔습니다. 그 순간, 예수께서 사랑하시는 제자, 즉 요한이 베드로에게 "주님이시다"라고 이야기했습니다. 그 말을 들은 베드로는 겉옷을 두른 후에 바다로 뛰어내렸습니다.

예수님은 밤새 추위에 떨었던 허기진 제자들을 위해서 숯불을 피워 놓으셨습니다. 숯불 위에 생선과 떡을 굽고 계셨습니다. 사실 베드로는 숯불을 바라보면서 마음이 많이 불편하고 죄책감이 들었을 것입니다. 왜냐하면 바로 며칠 전에 대제사장의 집 뜰 안에 놓인 숯불 앞에서 예수님을 세 번이나 부인했기 때문입니다. 그러나 주님의 사랑은 베드로의 상처를 회복하는 치유의 사랑이었습니다. 과거의 상처와 아픔을 그대로 재현해 놓

살리는 질문, 사는 대답

고 축복의 현장, 사랑의 현장으로 바꾸시는 주님의 사랑을 발견할 수 있습니다.

예수님은 떡과 생선을 구워서 제자들에게 일일이 나눠 주셨습니다. 그리고 조반을 다 드신 후에 베드로에게 질문하셨습니다. "요한의 아들 시몬아 네가 이 사람들보다 나를 더 사랑하느냐"(요 21:15). 주님은 베드로의 과거의 삶을 추궁하거나 질책하시지 않았습니다. 단지 사랑에 대해서 물으셨습니다. 왜입니까? 사랑하시기 때문입니다. 사랑하셔서 십자가를 지셨고, 사랑하셔서 그 영혼을 살리기 위해 부활하셨기에 사랑의 물음을 던지신 것입니다.

아마도 베드로의 마음은 흔들렸을 것입니다. 그간 수치심으로 고통스런 나날을 보내면서 '나는 주님을 사랑하지 못했는데 주님은 나를 사랑하고 믿어 주실까? 반석 위에 교회를 세우겠다는 예수님의 사명은 아직도 유효할까? 사람을 낚는 어부가 되게 하겠다는 말씀도 여전할까?'라는 생각에 사로잡혔을 것입니다.

주님의 사랑이 의심될 만큼 죄 가운데 빠져 있으면 사탄이 그 자리에 침투해 계속해서 거짓 메시지를 줍니다. "너는 사랑받을 자격이 없어. 너는 믿을 수 없는 사람이야. 주님을 배신하는 것도 한두 번이지, 어떻게 의도적으로 배신하고 저주까지 할 수가 있어?" 그러나 중요한 것은 주님이십니다. 주님은 나를 사랑하시며, 나를 향한 사명이 아직도 유효하다고 말씀하십니다.

주님은 나를 사랑하시고 내 이름을 아십니다. 주님의 사랑은 나의 실패까지도 덮는 사랑입니다. 나의 실패나 실수, 허물과 죄악과 상관없이 주님은 나를 사랑하십니다. 내가 어떠한 삶을 살았는지도 중요하지 않습니다. 하나님은 나의 전 인생을 통해 영광 받기를 원하십니다. 그래서 우리를 찾아오신 것입니다.

하나님 앞에서 예배드리는 일이 서먹하고 어색할지라도, 찬양하고 기도하는 일이 마음에 다가오지 않을지라도 "너를 사랑한다"는 주님의 음성을 들을 수 있기를 바랍니다. 주님은 사랑을 베풀기 원하십니다. 바로 그 사랑을 베드로에게 보여 주셨습니다.

"내가 주님을 사랑합니다"

둘째로, 주님의 사랑을 경험한 사람은 주님의 사랑에 반응하는 삶을 살게 됩니다. 주님의 사랑이 삶을 가득 채울 때 그 사랑에 겨워 주님을 뜨겁게 사랑하게 되고, 또 영혼을 사랑하게 됩니다.

예수님은 베드로에게 "네가 나를 사랑하느냐?"고 물으셨습니다. 여기서 한 가지 의문이 듭니다. "네가 나를 여전히 사랑하는지 내가 안다"고 말씀하실 수도 있는데 왜 굳이 질문을 하신 것

살리는 질문, 사는 대답

일까요? 마음 중심에서 나오는 사랑의 고백이 중요하기 때문입니다. 때로는 염치없고, 구차해 보이고, 극도의 실망을 안겨 드릴 수 있는 연약한 인생이지만 그럼에도 불구하고 "주님 그러하나이다 내가 주님을 사랑하는 줄 주님께서 아시나이다"(요 21:15)라는 고백을 받기 원하신 것입니다. 그 후 주님이 베드로에게 말씀하셨습니다. "내 어린양을 먹이라", "내 양을 치라", "내 양을 먹이라."

주님의 사랑이 들어와 내 삶을 채우면 그 사랑에 감격해 주님이 원하시는 일을 나도 원하게 됩니다. 주님을 위해 복음을 전하고, 헌신하고, 봉사하고, 용서하는 것입니다. 주님을 사랑하기 때문입니다.

사명 이전에 사랑입니다. 사명 이전에 관계가 중요합니다. 주님을 사랑하는 마음으로 주님이 주신 사명을 감당할 수 있습니다. 만약 주님을 사랑하는 마음 외에 다른 이유로 사명을 감당하고 있다면 그 사명은 변질되기 쉽습니다. 예수님은 주님을 사랑하는 것 하나로 족하다고 말씀하신 것입니다. 우리는 주님의 사랑 때문에 하나님이 맡겨 주신 사명을 잘 감당해야 합니다.

사랑 안에 모든 것이 있습니다. 사랑 안에 소망이 있고, 사랑 안에서 믿음이 커져 가고, 사랑 안에 충성이 있고, 사랑 안에 인내가 있습니다. 예수님이 승천하시기 전에 이 땅에서 마지막으로 하신 질문이 바로 "네가 나를 사랑하느냐?"입니다.

요한계시록 2장을 보면, 예수님이 소아시아 지역에 있는 7개의 교회를 책망하시는 내용이 나옵니다. 예수님은 첫 번째로 에베소교회를 향해서 사랑에 대해 말씀하시면서 "너를 책망할 것이 있나니 너의 처음 사랑을 버렸느니라 그러므로 어디서 떨어졌는지를 생각하고 회개하여 처음 행위를 가지라 만일 그리하지 아니하고 회개하지 아니하면 내가 네게 가서 네 촛대를 그 자리에서 옮기리라"(계 2:4-5)고 말씀하셨습니다.

하나님이 베드로에게 주신 "내 양을 먹이라"라는 사명은 전혀 새로운 사명이 아니었습니다. 이미 베드로를 부르실 때 주신 것입니다. 그러나 주님의 사랑을 경험하고 그 사랑으로 채워질 때 사명이 새롭게 다가옵니다. 가정에서, 교회에서, 또 하나님이 나를 부르신 삶의 현장에서 주님의 사랑 때문에 견뎌 가는 것입니다. 주님의 사랑 때문에 나의 인생을 드리는 것입니다.

언젠가 한 선교사님과 대화를 나누었는데, 대화하기 전부터 눈물을 흘렸습니다. 마음의 어려움과 하나님이 주신 위로와 격려가 섞여서 최근에 눈물이 많아졌다고 고백했습니다. 선교지에서 동료 선교사들이 선교지 사정에 따라 추방당하는 모습을 볼 때마다, 복음을 전하면서 신뢰하고 양육했던 사람이 배신하고 떠날 때마다 마음이 너무 아프지만, 그럼에도 불구하고 그곳을 떠나지 못한다고 고백했습니다.

왜 우리가 좁은 길을 갈까요? 왜 고난을 감수합니까? 주님을 사랑하기 때문입니다. 주님을 사랑하기 때문에 가정을 지키고, 배우자를 섬기고, 자녀를 돌보고, 부모님을 모시는 것입니다. 주님을 사랑하는 마음 때문에 하나님이 나에게 주신 직분을 감당하는 것입니다. 다른 이유가 아니라 주님의 사랑을 경험했으니 그 사랑을 주 앞에 드리고 주님의 사랑을 나누는 것입니다. 우리의 입술에 주님을 사랑한다는 고백이 있고, 또 주님의 사랑으로 말미암아 나에게 맡겨진 영혼을 사랑하는 마음이 있기를 바랍니다.

주님이 나를 사랑하셔서 다른 누군가가 아니라 나를 찾아오셨습니다. 나를 부르시고, 베드로에게처럼 "네가 나를 사랑하느냐?"라고 물으십니다. 우리 역시 베드로처럼 "내가 주님을 사랑합니다"라고 고백하고 하나님이 나에게 맡겨 주신 양들을 먹이고 치는 놀라운 은혜가 있기를 바랍니다.

삶에서 드리는 나의 대답

내가 여기 있나이다.
하나님이 기뻐하시는 그 자리에
내가 서 있습니다.